Grandes LÉGENDES de FRANCE

10 récits merveilleux de nos aïeux

Tome 1

Chez le même éditeur

Collection « Au Temps Jadis »

Petits mensonges historiques : enquête sur des mots historiques célèbres mais jamais prononcés, 2012

Fêtes populaires d'autrefois : les réjouissances de nos aïeux, 2013

Histoire pittoresque des métiers (tome 1), 2013

200 jeux de notre enfance en plein air et à la maison, 2014

La publicité d'antan s'affiche (tome 1) : la réclame d'autrefois à travers les affiches publicitaires, 2014

La publicité d'antan s'affiche (tome 2) : la réclame d'autrefois à travers les affiches publicitaires, 2014

Histoire de France : l'indispensable pour devenir incollable, 2015

L'encyclopédie du temps jadis : collection des 40 numéros parus entre 2003 et 2014 de la publication La France pittoresque

Collection « Nos Villes et Villages Pittoresques »

Une saison d'été à Biarritz : Biarritz autrefois, Biarritz aujourd'hui, 2014

Grandes LÉGENDES de FRANCE

10 récits merveilleux de nos aïeux

Tome 1

La France pittoresque

LA FRANCE PITTORESQUE

COLLECTION « Au Temps Jadis »
Dirigée par Valéry Vigan

Illustration de couverture : *Saint Georges terrassant le dragon* (vers 1505), par Raphaël (1483-1520)
Site Internet : www.france-pittoresque.com
Mail : info@france-pittoresque.com

« Hâtons-nous de recueillir les vieilles légendes, les souvenirs du temps passé, avant que les progrès de la civilisation aient achevé de rétrécir l'empire de la fantaisie et que le scepticisme grandissant ait fait disparaître la dernière fée et le dernier farfadet. » (Abel Huard, 1904)

La Fuite du Roi Gradlon, par Évariste-Vital Luminais (1884)

L'AMOUREUSE DAHUT
SCELLE LA PERTE DE LA VILLE D'YS

Dans cette partie de la Bretagne que nous nommons Finistère et que les Romains avaient nommée corne de la Gaule, *cornu Galliæ*, dont quelques-uns dérivent *Cornouaille*, régnait, au Vᵉ siècle, le roi Gradlon. C'était un de ces chefs de clan, pirates et conquérants, qui, en prenant fait et cause pour les Bretons contre les Germains envahisseurs, devenaient quelquefois *conans* ou rois de tout le pays d'Armor. Jeune encore, il avait passé en Grande-Bretagne ; il avait guerroyé chez les Cambriens contre les Saxons ; il avait poussé jusque chez les Pictes et les Scots. De sa dernière expédition dans le Nord, il avait ramené un cheval noir et une femme rousse. Le cheval, qui s'appelait Morvarc'h, était superbe et indomptable. Il ne se laissait monter que par la reine Malgven et par le roi Gradlon. Lorsque d'autres le touchaient seulement, il se cabrait en frémissant ; sa crinière se hérissait toute droite sur son cou, et il fixait les gens de ses beaux yeux noirs, presque humains, mais farouches, pendant qu'une flamme légère semblait sortir de ses naseaux, si bien qu'on reculait épouvanté.

Non moins redoutable et belle était la reine du Nord, avec son diadème d'or, son corselet en mailles d'acier, d'où se dégageaient des bras d'une blancheur de neige, et les anneaux dorés de sa chevelure, qui retombaient sur son armure d'un bleu sombre, moins bleue et moins chatoyante que ses yeux. De quel exploit, de quel crime ou de quelle trahison cette proie splendide était-elle le prix ? Personne ne le sut jamais. On disait que Malgven était une magicienne, une Sène irlandaise ou une Saga scandinave qui avait fait périr son premier possesseur par le poison, pour suivre le chef armoricain. Triomphante, heureuse, elle régnait sur le cœur de Gradlon. Mais à peine celui-ci fut-il devenu roi de Cornouailles, que Malgven mourut subitement, ne laissant au roi qu'une fille née en mer pendant leurs aventures, et qui s'appelait Dahut.

A partir de ce moment, le roi tomba dans une tristesse noire. Il se plongea dans le vin et la débauche, mais sans parvenir à oublier Malgven. Cependant

Dahut grandissait et ressemblait à sa mère. Seulement sa beauté avait quelque chose d'effrayant. Sa peau était plus blanche, sa chevelure d'un roux plus foncé. Son œil changeant comme la mer roulait des désirs plus immenses et lançait des éclairs plus prompts. Elle seule avait le don d'égayer Gradlon. En la regardant, il croyait revoir Malgven. Quelquefois, la main enroulée dans les cheveux fauves de sa fille, ses yeux las, perdus dans les yeux étincelants de vie de Dahut, il lui disait : « Ah ! fille de mon beau péché, perle de mon noir chagrin, par toi seule je tiens à la vie ! » Elle lui souriait, dangereusement enjouée : mais dans ses yeux, son âme reculait en un rêve insaisissable et trouble.

Elle prit sur son père un empire absolu. Toute petite, elle éprouvait pour l'Océan une singulière attraction. Sitôt qu'elle l'apercevait de loin, ses yeux, ses narines se dilataient. Elle en respirait les effluves et semblait vouloir se précipiter vers les plages. Afin d'être plus près de son élément préféré, elle persuada à Gradlon de faire construire une ville, au bord de la mer, dans une grande et magnifique baie qui regarde l'Océan, tout au bout de l'Armorique. Le roi y consentit. Des milliers d'esclaves furent employés à ce travail. On construisit une digue immense pour protéger la ville contre les flots, et derrière cette digue un bassin destiné à recevoir les eaux de l'Océan dans les grandes marées. Une écluse était pratiquée dans la digue ; en l'ouvrant à la marée montante, on laissait entrer l'eau nécessaire au renflouement des barques. On la fermait à marée haute pour ne la rouvrir qu'au reflux. Alors le bassin se vidait et on pêchait à foison sur la vase monstres marins et poissons.

Dahut fit construire pour elle et son père un palais magnifique, dominant la ville, sur un rocher, au bord de la mer. Quelquefois, quand le soleil couchant enflait la vague, les pêcheurs voyaient, de loin, une forme blanche descendre sur la plage déserte, au pied du rocher couronné par les tours massives du château royal. C'était Dahut, qui voluptueusement se baignait dans cette crique sauvage et se livrait à de singulières incantations avec son élément favori. Après s'être longtemps jouée sur les vagues, comme une sirène, elle en sortait lentement, et toute nue, debout sur le sable fin, luisante comme la nacre, elle peignait ses longs cheveux roux en laissant ruisseler l'écume sur ses flancs et en chantant un chant sauvage. Un soir, le vent apporta ce refrain aux oreilles d'un pêcheur :

« Océan, bel Océan bleu, roule-moi sur le sable, roule-moi dans ton flot. Je suis ta fiancée, Océan, bel Océan bleu !

« Sur un beau navire, au milieu des vagues, ma mère m'a enfantée, au milieu des vagues vertes et transparentes. Quand j'étais petite, tu mugissais sous moi, tu me berçais sur ton large dos et tu grondais, furieux. Mais quand je passais la main sur ta crinière, tu t'apaisais dans un murmure délicieux.

« Océan, bel Océan bleu, roule-moi sur le sable, roule-moi dans ton flot. Je suis ta fiancée, Océan, bel Océan bleu !

« Toi qui retournes comme tu veux les barques et les cœurs, donne-moi les beaux navires des naufragés, les navires pleins d'or et d'argent ; donne-moi tes poissons nacrés, tes perles d'opale ; donne-moi surtout le cœur des hommes farouches et des pâles adolescents sur qui tombera mon regard. Car, sache-le, aucun de ces hommes ne se vantera de moi. Je te les rendrai tous et tu en feras ce que tu voudras. A toi seul j'appartiens tout entière !...

« Océan, bel Océan bleu, roule-moi sur le sable, roule-moi dans ton flot. Je suis ta fiancée, Océan, bel Océan bleu !... »

Un jour, après avoir chanté ainsi, Dahut jeta une bague dans les flots. Une lame vint mouiller ses pieds et l'enveloppa jusqu'à la taille.

La ville d'Ys prospéra et devint la plus riche de Cornouailles. Le vieux roi Gradlon vivait au fond du palais et ne sortait de sa mélancolie que pour se plonger dans l'ivresse. Sa fille Dahut gouvernait au gré de ses désirs. L'Océan jetait et brisait par centaines les navires sur ses côtes : on pillait les richesses ; les survivants du naufrage devenaient esclaves. Les pêches étaient miraculeuses. Le seul dieu adoré à la ville d'Ys était le dieu de Dahut, l'Océan. Tous les mois, on le célébrait par une cérémonie solennelle. Dahut, assise sur le rivage et entourée de la foule, trônait au milieu de bardes qui invoquaient le dieu terrible. Alors on ouvrait l'écluse, et le flot bouillonnant entrait. Lorsqu'on y jetait le filet, on en retirait des rivières de poissons. Pendant ce temps, Dahut distribuait à la foule ces coquillages roses qui passaient pour des talismans. En même temps, ses yeux parcouraient la foule et des pensées troubles y glissaient comme des vagues. Parfois ils se fixaient sur quelqu'un. Alors il semblait à cet homme que le crochet aigu d'un hameçon descendait dans son cœur et qu'une corde tendue par une main savante l'attirait doucement, mais sûrement, vers la fille du roi, qui le guettait. Bientôt il recevait un message de Dahut pour se rendre, la nuit, au château marin.

Ah ! ce château ! on en contait merveilles et terreurs. Du dehors, c'était bien une forteresse de pirates, plantée là pour narguer la mer. Mais au dedans, que se passait-il ? Personne n'avait jamais vu reparaître aucun des amants de Dahut. De temps à autre seulement, les gens du pays voyaient un cavalier, monté sur un cheval noir, traverser la nuit les campagnes avec un sac qui retombait des deux côtés de la selle. Il gagnait au triple galop la pointe du Raz, au delà de la baie des Trépassés ; il jetait sa charge dans le gouffre de Plogoff. Pendant ce temps, Dahut s'oubliait aux bras d'un nouvel amant. Au risque de chavirer, des pêcheurs curieux rôdaient autour du château des Maléfices. De ses trous noirs sortaient des chants lascifs avec des huées et des lueurs d'orgie qui semblaient insulter à la colère du flot.

Malgré le mystère et la terreur dont s'enveloppait Dahut, le bruit de ses crimes avait percé dans le peuple. Sourdement, les parents et les amis des victimes s'étaient ligués : la révolte grandissait. Un soir, à la nuit tombante, la foule, armée de fourches, de piques et de pierres, se présenta à la porte du château en vociférant : « Roi Gradlon, rends-nous nos parents, nos frères et nos fils, ou livre-nous ta fille. C'est Dahut que nous voulons ! » Pendant ce temps, Dahut, étendue sur une couche moelleuse, entre des colonnes de jaspe et des tentures de pourpre, se laissait aller à une langueur délicieuse, à une volupté toute nouvelle et presque attendrie. Une de ses mains jouait avec les cordes d'un luth dormant sur les coussins, l'autre errait, légère, dans les cheveux noirs et longs du page Sylven, agenouillé devant elle et qui la regardait éperdument.

— Sais-tu pourquoi je t'aime, toi ? lui disait-elle. Je n'ai peur de personne, car je sais que tous les hommes ont peur de moi. Je les hais tous quand ils m'ont tenue dans leurs bras. Pourquoi faut-il que je t'aime, toi, insensée que je suis ? Tu le sauras, écoute. Un jour, poussée par la curiosité, je voulus aller à Landévenec, au tombeau de saint Gwénolé, qui, disait-on, faisait des miracles. Mais au moment où j'entrai dans la crypte noire, ma lumière s'éteignit et, devant le sarcophage, j'aperçus un jeune homme tenant un flambeau. Il me regardait avec des yeux candides et farouches, comme tu me regardes en ce moment ; mais sa main menaçante me défendait d'approcher. J'eus peur et je sortis. Un vieux barde de mon père m'attendait. Je rentrai avec lui dans la crypte, après avoir rallumé mon flambeau. Il n'y avait plus personne. Ma peur s'en augmenta et je demandai au barde ce qu'il pensait de ce signe. Il me dit : *Si jamais tu rencontres quelqu'un qui ressemble à ce fantôme, détourne-toi de lui ; il te porterait malheur.* En te voyant l'autre jour, à la porte de mon père, ton flambeau à la main, je vis que tu ressemblais, trait pour trait, au beau fantôme de la crypte. J'eus peur... je frissonnai... et voilà que je t'aime, en dépit du présage. Oui, je t'aime ! ne fût-ce que pour braver le saint ! Ils sont morts, les autres... tous ; mais toi, je veux que tu vives. Qu'on essaie de t'arracher d'ici !

Les deux bras de Dahut se fermèrent follement sur le corps de Sylven... Un craquement sinistre interrompit leurs baisers. On donnait l'assaut au château des Maléfices et les gens du roi répondaient par une grêle de pierres. « Entends-tu, dit Sylven, ces cris féroces ? Ils te réclament pour te déchirer. Viens t'enfuir avec moi au bout de l'Armorique ! — Attends encore, dit Dahut. Monte à la tour et dis-moi la couleur de l'Océan. » Sylven monta sur la tour et dit en revenant : « Il est vert foncé, le ciel est tout noir. — Tout va bien, dit Dahut ; laisse crier le peuple et verse-moi du vin dans ma coupe d'or. » Au bout d'un instant, elle le renvoya sur la tour et Sylven dit en revenant : « Le ciel devient blafard, l'Océan est fauve et blanc d'écume. Il bouillonne du large. Il monte ! il monte ! — Tant mieux ! s'écria Dahut avec un éclair dans ses yeux violets. Mon cœur se gonfle, il monte avec l'Océan ! Ah ! j'aime la tempête ! »

Comme un ramier palpite sous les griffes de l'épervier, Sylven frémissait délicieusement sous l'étreinte de la fille de Gradlon. A ce moment, il y eut un tel coup de bourrasque que la forteresse trembla. Sylven eut un sursaut : « Vraiment, dit-il, ce soir, l'Océan me fait peur ! » Dahut poussa un rire éclatant, et, brandissant sa coupe d'or, elle en lança le contenu par la fenêtre : « A la santé de l'Océan, mon vieil époux ! N'aie donc pas peur de lui. Il a beau rugir, ce n'est qu'un vieillard impuissant. Il écume de rage, mais je sais comment on le maîtrise. Je veux qu'il serve ma vengeance. Il ne t'aura pas comme les autres, l'Océan. C'est moi qui t'aurai, c'est moi qui te veux ! Car c'est toi que j'aime, toi seul, entends-tu ? Allons ! pour la dernière fois, monte sur la tour et dis-moi ce que tu vois. »

Quand Sylven revint, il était pâle comme cire. « L'Océan, dit-il, est noir comme la poix. Il fait un bruit de mille chaînes. Ses vagues sont comme des montagnes avec des tours crénelées d'écume. » En même temps, on entendit à la porte du château un cliquetis d'armes et de pierres lancées, et, au milieu de cent malédictions, ce cri : *Mort à Dahut !*

« Ils l'ont voulu ! dit la fille de Gradlon. L'heure est venue ; je vais noyer la révolte avec la ville. Viens ! » Sortie du château par une porte secrète, malgré le vent et les vagues, elle entraîna son page sur la digue. « Tire la barre de l'écluse ! dit à Sylven la forcenée. » A peine eut-il tiré la barre que l'eau, brisant l'écluse, se précipita par l'ouverture. Une vague immense emporta l'amant de Dahut. Celle-ci poussa un cri sauvage. Il lui sembla qu'on lui arrachait l'âme du fond des entrailles. Prise d'épouvante, elle n'eut que le temps de s'enfuir auprès de son père. « Vite ! ton cheval ! L'Océan rompt ses digues ! L'Océan me poursuit ! » Le roi Gradlon se jeta sur son cheval, et sa fille en croupe derrière lui.

Déjà les grandes ondes déferlaient sur les murs submergés de la ville d'Ys. L'étalon Morvarc'h se mit à bondir sur les galets ; le flux courait derrière lui. Et, de loin, on entendait une voix terrible comme le meuglement de mille taureaux. Jaloux et furieux d'amour, l'Océan sauvage hurlait après sa fiancée. « Il me veut ! sauve-moi de lui, mon père ! » criait Dahut. Et le cheval se cabrait sur l'eau bouillon-nante. Mais à chacun de ses bonds, une nouvelle lame lancée après lui éclabous-sait la croupe du cheval et de la femme. Morvarc'h galopait au pied d'immenses rochers. Déjà on ne voyait plus la plage ; toutes les criques écumaient, et les vagues bondissaient contre les falaises comme des licornes blanches. Dahut enla-çait son père toujours plus étroitement. Tout à coup une voix cria derrière lui : « Lâche le démon qui te tient ! » Mais Dahut, les ongles crispés dans la chair du vieux roi, suppliait haletante : « Je suis ta fille ! Ne jette pas au gouffre la chair et le sang de ma mère... Emporte-moi, fuyons au bout du monde ! »

A ce moment, Gradlon aperçut une forme pâle debout sur un rocher. C'était saint Gwénolé. Le cheval passa comme un éclair. Mais le roi entendit derrière lui la voix tonnante du saint le poursuivre d'un cri : « Malheur à toi ! » Enveloppé par la marée montante, Morvarc'h avait grimpé sur un écueil. Le poil hérissé, le cheval regardait devant lui une chose terrible. A la lueur de la lune rouge, Gradlon vit le gouffre de Plogoff. La bouche d'enfer revomissait les vagues monstres englouties avec les brisants. A chaque hoquet, elle rendait une forme humaine. Cadavre ou fantôme ? Gradlon reconnut les amants de sa fille. Ils jaillissaient du flot avec des gestes accusateurs, puis retombaient et semblaient appeler à la sarabande du gouffre la cruelle sirène, la femme-vampire, toujours désirée ! « Sauve-moi ! » criait la fille de Gradlon, la tête cachée dans le manteau de son père. Mais Gradlon, fasciné par la vue du gouffre, dit à sa fille : « Regarde ! » Elle regarda... Alors les mains glacées de Dahut se détendirent, elle lâcha prise et roula dans les vagues qui se disputaient pour la saisir. Aussitôt l'océan se calma. Il s'enfuit joyeux, emportant sa proie, avec le bruissement sourd d'un grand fleuve et le murmure d'une cata-racte lointaine. La plage était libre. En quelques bonds sauvages, le cheval gagna le haut du promontoire.

Inerte et brisé, le vieux roi se retira à Quimper. Saint Corentin le prêcha. Gradlon, par lassitude, se laissa convertir à la foi chrétienne. Mais l'eau du baptême ne put chasser sa mélancolie. Il s'assit sur la paille, au fond d'un donjon, toujours hanté par sa fille. Morvarc'h, de son côté, baissait la tête tristement ou mordait ses gardiens. Quand Gradlon mourut, son cheval devint sauvage de chagrin ; il rompit tous ses liens et courut sur la lande. Aujourd'hui encore, en de certaines nuits, les paysans entendent trembler leur cabane au trot de son sabot. Et le jour, pourquoi court-il les plages blanches d'écume ? Pourquoi le voit-on, au haut des falaises, flairant l'abîme et hennissant ? Que cherche-t-il, de ses yeux de feu, là-bas, sur l'océan couleur d'aigue-marine ? Sans doute ce que cherchent les marins, les bardes et les vagabonds, la fée Dahut qui peigne ses cheveux d'or au milieu des vagues, sur un écueil, parmi les goémons jaunes et blancs. Quant au roi Gradlon, il a sa statue équestre au gable du grand portail de la cathédrale de Quimper, cette page flamboyante d'architecture héraldique. Les paysans kernévotes, qui le dimanche, avant la messe, stationnent sur la grande place, avec leurs larges braies et leurs chapeaux bretons, sont encore fiers de leur vieux roi, si haut perché à la pointe de l'ogive, montant son cheval de mer et de bataille.

Peut-être ont-ils le sentiment confus que ce cheval symbolise l'antique et libre Bretagne.

Richard sans Peur affronte Nazomega

RICHARD SANS PEUR ET SON
MALÉFIQUE « ANGE-GARDIEN »

Il fut jadis en Normandie un duc nommé Richard, fils de Robert le Diable, et de la fille de l'empereur de Rome ; lequel Richard fut longuement sans femme et sans enfant. En tout événement, il s'exerçait à se rendre le plus redoutable des chevaliers, et le meilleur des hommes. Il courait la campagne, habitait les forêts, et n'avait presque jamais de demeure fixe, afin que les malfaiteurs le crussent partout où ils ne le voyaient pas.

Comme la Providence, il était présent en tous lieux, les malheureux trouvaient en lui un père : dès qu'il en savait un, il quittait tout pour le secourir ; et afin que bientôt il n'y en eût plus, il rendit tous les chevaliers responsables des crimes qui se commettraient sur leurs terres. Quelques-uns étaient eux-mêmes des oppresseurs ; il prit la cause de leurs vassaux, fit mordre la poussière aux tyrans, et distribua leurs terres aux opprimés. Il ne voulut jamais de second dans aucune de ses entreprises les plus périlleuses ; il n'avait des compagnons que lorsqu'il les croyait nécessaires pour porter des secours plus prompts à ceux qui souffraient. Les pauvres l'appelaient Richard le Bon ; son intrépidité lui fit donner, par tous les chevaliers, le nom de Richard sans Peur.

Mais, sur l'instigation de la diabolique fée Minucieuse, un esprit malin nommé Brudner conçut le désir de lui faire peur. Arrivé en Normandie, il apprit que Richard se disposait à partir de Rouen, pour chasser d'une forêt voisine quelques brigands irlandais qui s'y étaient réfugiés. Brudner gagna les devants. Vers le milieu de la nuit, le brave Richard entra dans la forêt, et allait se cacher dans le fort le plus épais. Son chien le suivait dans toutes ses expéditions ; il était né du chien qu'Astolphe avait donné à son père, et qui fut son compagnon et son convive, dans le temps que Robert contrefaisait le sourd et le muet. Cet animal était si fatigué, que son maître descendit et le porta devant lui. Lorsqu'il fut parvenu au milieu du bois, les lutins que Brudner avait à ses ordres, et qu'il avait dispersés sur des arbres, se réunirent autour du chevalier, en poussant des cris affreux ; ils voltigeaient sur la croupe de son cheval et sur ses épaules : Richard se mit à rire et saisit son épée. Il crut d'abord que c'était un jeu des brigands pour l'épouvanter ; il frappait autour de lui, mais aucun coup ne portait. Il ne recevait aucun mal des lutins ; il leur était défendu de lui en faire. Richard, tranquille et de sang-froid, commença de chanter et de crier comme eux. Désespérés de n'avoir pu l'ébranler, ils saisirent son chien, l'enlevèrent dans les airs, et le déchirèrent. Richard fut très sensible à sa mort, et son plus grand chagrin fut de ne pouvoir se venger.

Brudner ne se rebuta pas ; il résolut de prendre des moyens plus détournés, et que Richard ne pût pas suspecter ; il renvoya les lutins, monta sur un arbre, et se changea en enfant nouveau-né : il se coucha dans un nid de tourterelles, et lorsque l'aurore parut, il se mit à pleurer. Richard qui continuait sa route l'entendit, il s'arrêtaaaaa, et regardant d'où pouvaient venir ces pleurs, il aperçut les deux pieds de l'enfant hors du nid. Il fut attendri de ce spectacle, il descendit aussitôt de cheval, et monta de branche en branche ; il ne put se refuser de baiser cette innocente et malheureuse créature qui lui sourit.

Le bon Richard s'indigna de la dureté de ceux qui avaient exposé cet enfant, il le prit, l'enveloppa dans un coin de son manteau, le porta d'une main, et de l'autre s'aida pour descendre comme il était monté ; il le mit devant lui sur le col du cheval à la place du chien, et au lieu de continuer sa route, il prit celle de son capitaine de chasses, et lui recommanda d'en avoir grand soin. Jusqu'alors le zèle de Richard ne lui avait pas permis de vérifier quel était le sexe de l'enfant ; la femme du capitaine, plus curieuse, découvrit que c'était une fille, qui promettait d'être la plus belle du monde. Richard pria cette femme de s'en charger, et lui promit de payer largement ses peines. Heureusement elle se préparait à sevrer son fils ; elle profita de cette circonstance pour nourrir la petite orpheline. Richard était bien loin de soupçonner que cet enfant, dont le sourire l'avait frappé, et dont l'innocence l'avait attendri, fût un génie ennemi et malfaisant. Brudner par cette ruse avait rempli deux objets, l'un de donner le temps aux voleurs irlandais qu'il protégeait d'éviter Richard, et l'autre d'entamer une aventure dont il concevait les plus grandes espérances.

La fille que Richard avait donnée à élever à son capitaine des gardes, croissait à vue d'œil : à sept ans elle était aussi formée qu'une autre à quinze. Sa beauté était frappante ; c'étaient les grâces les plus naïves, les yeux les plus tendres, la bouche la plus agréable ; elle réunissait tous les caractères de la beauté ; en sorte qu'elle plaisait également à tout le monde. Ceux qui n'aimaient que les beautés ingénues, étaient séduits par son air simple et modeste ; les cœurs qui ne pouvaient être frappés que par des traits vifs et piquants, trouvaient en elle tout ce qui pouvait leur plaire : elle recueillait les suffrages de celui qui préférait les brunes, et l'admiration de celui qui courait après les blondes ; son esprit et son caractère prenaient le ton de tous les caractères et de tous les esprits. Vive, indolente, capricieuse avec les uns, toujours égale avec les autres ; sensée ou folâtre selon les circonstances ; médisante ou discrète, raisonnable ou inconséquente, avare ou généreuse, sévère ou compatissante, affable ou impérieuse, elle se rendait charmante à tous ceux qui l'approchaient.

Richard ne put échapper à ses charmes ; il se félicitait chaque jour de l'avoir sauvée ; il mettait tous ses soins à former son cœur et cultiver son esprit. Ses succès passaient ses espérances ; il avait commencé par l'aimer comme sa fille, il en vint à ne voir en elle qu'une maîtresse adorée ; et lorsqu'il voulut se rendre compte de ses sentiments, il ne fut plus le maître de les combattre. Malgré son amour, il ne songeait point à en faire son épouse ; il avait trop de délicatesse pour n'en faire que l'objet de ses plaisirs ; il se bornait à l'aimer sans songer encore à ce que deviendrait son amour. Une circonstance à laquelle il n'avait pas pensé, le força de faire des réflexions sur son état.

Robert le Diable était vieux, son épouse était morte, et Richard sans Peur était le seul espoir de la Normandie. Il s'exposait aux aventures les plus périlleuses, et il pouvait être enlevé à ses sujets. Les barons et les chevaliers s'assemblèrent ; ils lui représentèrent combien le peuple serait à plaindre s'il ne laissait pas de successeur. L'État était menacé d'une invasion par les Anglais, les Français soutiendraient leurs prétentions, et les seigneurs les déchireraient par leurs factions. Ils le supplièrent au nom de la nation de choisir une femme qui pût lui donner des héritiers, et conserver la Normandie à ses anciens maîtres. Richard leur répondit qu'il aurait égard à leurs représentations.

Si sa tendresse pour Éléonore, c'est ainsi qu'il avait nommé la jeune orpheline, eût pu augmenter, la situation où le mettaient les représentations de ses sujets l'auraient portée à l'excès. Il sentait son cœur incapable d'en aimer une autre qu'elle ; il ne pouvait penser à la quitter sans une peine insupportable, et n'osait songer à l'épouser sans honte. La naissance d'Éléonore le désespérait ; un enfant trouvé par hasard, né peut-être d'une mère infâme ! Ces idées le jetaient dans la consternation. Éléonore s'en aperçut, et voulut savoir la cause de son chagrin. Richard lui avoua son amour et son embarras : Éléonore, qui connaissait l'impression qu'elle avait faite sur son cœur, au lieu de se plaindre du sort, exhorta son amant à choisir une épouse digne de lui. Elle lui nomma les objets les plus aimables. Il les rejeta avec mépris ; plus elle lui marquait du désintéressement, et plus elle l'enchaînait. Enfin, ne pouvant plus y résister, il tombe à ses genoux, et lui proteste qu'il est déterminé à l'épouser : elle combattit cette résolution avec force ; elle savait bien que plus elle mettrait d'éloquence à l'en détourner, et plus elle l'y affermirait.

Enfin Richard convoqua une assemblée de tous les États, et déclara qu'il avait choisi une épouse, et que dans ce choix il n'avait consulté que l'intérêt de ses peuples. Il leur persuada qu'il avait évité de former une alliance avec les princes voisins, afin que jamais ses États ne pussent passer à des souverains étrangers ; et qu'au cas de défaut d'enfants, ils pussent être gouvernés par les seigneurs de la nation ; qu'il avait assez de parents pour n'avoir point à craindre de manquer de successeurs, et qu'en tout événement il le désignerait avant sa mort. Il ajouta qu'il n'avait pas voulu non plus choisir parmi les filles des seigneurs de sa cour ; qu'il connaissait leur mérite, mais qu'il n'avait pas jugé à propos d'exciter la jalousie de personne. Alors il raconta comment il avait rencontré la jeune Éléonore, les soins qu'il avait pris pour la former et la rendre digne d'être leur souveraine. Les seigneurs étaient si prévenus en faveur de l'orpheline, que le choix de Richard fut universellement approuvé : s'il y en eut qui le blâmèrent, ce furent ceux qui aspiraient à s'en faire aimer.

Le mariage du duc avec Éléonore fut célébré avec la plus grande magnifi-cence. Il y eut un carrousel où Richard se distingua : il combattit successivement contre le comte d'Alençon, le comte de la Marche et le duc d'Aquitaine ; il les vainquit dans toutes sortes d'exercices. Plusieurs autres chevaliers s'y distinguè-rent ; le comte de Vendôme abattit le comte de Champagne et l'Amoureux de Galles : on appelait ainsi le chevalier désigné pour épouser la princesse d'Angle-terre. Éléonore présidait aux joutes et distribuait le prix. Jamais mariage ne fut en apparence plus heureux que celui de Richard ; mais que de contradictions lui fit essuyer son épouse ! Elle le tourmentait de manière que, quelques raisons qu'il eût de se plaindre, il était forcé de convenir, lorsqu'il examinait les choses de près, que c'était lui seul qui avait tort : elle lui donnait à tout moment sujet d'être jaloux, et ses moindres soupçons paraissaient des injustices. Elle le contrariait sans cesse ; c'était toujours elle qui se plaignait d'être contrariée, et lui seul se croyait coupa-ble ; il l'adorait, et elle lui reprochait sans cesse son indifférence. Elle fit tout ce qu'elle put pour le rendre injuste, cruel et méchant ; mais elle ne put jamais parve-nir à changer son caractère.

Enfin, après sept ans de mariage, la duchesse Éléonore, ennuyée sans doute de ne pouvoir faire tomber son mari dans le piège, feignit une maladie mortelle ; elle affectait de souffrir des douleurs insupportables. Richard était désolé ; plus il témoignait de chagrin, et plus elle jetait de cris. Elle ne voulait être servie que par lui, il ne la quittait pas un instant : elle tomba dans le délire ; elle frappait tous ceux qui l'approchaient, et surtout Richard. Dans certains moments qu'elle était tran-quille, elle l'appelait, et lui demandait pardon du mal qu'elle lui avait fait : Richard fondait en larmes et l'embrassait ; elle profitait de cette circonstance pour rentrer en fureur et l'accabler.

Dans un de ces intervalles de tranquillité, elle lui dit qu'elle avait une grâce à lui demander, et lui fit promettre de lui accorder. « C'en est fait, lui dit-elle, je vous perds, je sens que ma fin approche ; puisse une autre épouse, plus digne de vous, vous consoler de ma perte. Je vous dois tout, c'est vous qui m'avez élevée du sein de la misère au faîte de la grandeur : si je meurs avec quelque regret, c'est de n'avoir pas eu plus d'attraits à vous sacrifier ; la grâce que je vous prie de m'accorder, c'est de me faire enterrer aux lieux où j'ai été élevée. Vous me ferez transporter dans le mauso-lée que je m'y suis fait construire : il est au milieu de la forêt. Quand mon corps y aura été déposé, je désire de n'y être veillée que par vous : je mourrai tranquille, si je suis assurée que vous me donnerez ce dernier témoignage de votre amitié. »

Richard, en sanglotant, l'embrasse, la presse dans ses bras, et n'y trouve plus qu'un cadavre inanimé. Il jette un cri perçant et tombe évanoui auprès de son lit. On accourt, on l'emporte ; il ne revient à la vie que pour gémir et verser un torrent de larmes ; tout entier à sa douleur, il était insensible aux caresses de son père et à toute sorte de consolation. On fit d'inutiles efforts pour l'empêcher d'exécuter les dernières volontés de son épouse, il accompagna son corps au lieu de la sépul-ture, l'y fit déposer avec beaucoup d'appareil, renvoya tout le monde et ne garda auprès de lui qu'un chevalier. Ils passèrent la nuit auprès d'elle. Richard ne cessa de pleurer, il ne pouvait se persuader qu'il allait être séparé pour jamais de tout ce que la nature avait produit de plus beau.

Vers le point du jour Richard entendant du bruit dans le cercueil, un rayon d'espérance ranime ses sens ; il se lève, mais le cercueil éclate de toutes parts avec un fracas horrible, le cadavre jette un cri qui fait retentir toute la forêt. L'intrépide Richard admire et ne s'effraye point ; mais, par un mouvement naturel, met l'épée à la main.

— Richard, Richard, s'écrie le cadavre en s'asseyant, une femme morte vous fait peur, vous à qui les génies ni les brigands n'ont jamais inspiré de crainte.

— Hélas ! dit Richard, ce n'est pas la crainte qui m'agite, c'est l'espoir de te voir encore faire ma félicité. Ciel ! est-il possible que tu respires ! quoi ! ta mort ne serait qu'une illusion !

— Ton Éléonore n'était qu'évanouie, dit-elle, le ciel nous réserve encore des jours heureux ; mais le temps presse, je sens qu'un peu d'eau fraîche m'est absolument nécessaire ; allez à la fontaine voisine, vous trouverez un vase qui sert aux bergers, vous le remplirez et vous me le rapporterez aussitôt sans en répandre une goutte.

Richard ne perd point un moment, il court à la fontaine ; tandis qu'il y puise, il entend dans le tombeau le cri d'un homme frappé d'un coup mortel. Il revient et ne trouve que le chevalier qu'il avait laissé dans le mausolée expirant. Le cadavre et le cercueil avaient disparu. Richard enlève hors de ce lieu le malheureux chevalier, qui à peine a le temps de lui apprendre que son Éléonore n'était qu'un méchant génie qui s'était transformé en femme pour faire tomber le sage Richard dans les pièges du crime, en le rendant passionné pour ses charmes. Richard ne pouvait croire ce qu'il entendait. « Hélas ! dit le chevalier, je suis sa victime ; la honte de n'avoir pu ni vous effrayer, ni corrompre votre vertu, l'a rendu furieux ; il s'est élancé sur moi, m'a saisi dans ses bras, et en me disant ce que je viens de vous répéter, il m'a empoisonné de son haleine infecte. » Richard, pour le faire revenir, lui jeta l'eau qu'il tenait, mais il vit aussitôt expirer son malheureux compagnon. Il ne se ressouvint d'Éléonore que pour abhorrer sa perfide beauté, il ne regretta que le chevalier ; il lui fit faire les plus belles funérailles.

Richard ne se consolait point d'avoir eu pour épouse un monstre aussi détestable : alors, n'étant plus fasciné par ses perfides attraits, il se rappela avec douleur les tourments que la fausse Éléonore lui avait fait souffrir. Il ne pensait pas sans rougir à la honte d'avoir épousé une fille abandonnée et d'avoir dédaigné des princesses qui lui auraient fait d'illustres alliances. Il désirait que le génie prît un corps passible et qu'il vînt le défier avec toutes les forces de l'enfer ; Richard était si animé par la vengeance qu'il se sentait le courage de le combattre et qu'il était assuré de la victoire. Cependant il n'osait pas publier quelle était Éléonore ; il résolut de garder là-dessus le plus profond secret : le seul qui eût pu le révéler n'était plus. Il feignit d'être affligé de la perte de son épouse, et afin que personne ne pût soupçonner la vérité, il fit fermer le tombeau et défendit que personne l'ouvrît.

Cependant, tout le clergé de Normandie faisait retentir les églises de prières et d'oraisons funèbres pour la duchesse Éléonore. Richard ne savait comment les faire cesser ; employer son autorité sans en donner aucun motif eût paru une chose extraordinaire et peut-être impie ; d'un autre côté, il ne pouvait souffrir qu'on adressât des prières au ciel pour un esprit infernal. Il prit enfin son parti, il assembla les évêques et leur avoua tout ce qu'il savait de la fausse Éléonore ; il le confirma par le récit de la mort du chevalier, et les conduisit à la porte du mausolée où l'on croyait faussement que reposaient les cendres de la duchesse. A peine l'eut-on ouverte qu'une odeur empestée s'exhala dans la forêt ; lorsque la vapeur fut dissipée on entra dans le monument, on vit les débris du cercueil, mais on ne trouva aucun vestige du cadavre. Richard fit exhumer le chevalier, et l'on reconnut qu'il avait été étouffé. On le fit enterrer une seconde fois avec les mêmes cérémonies que la première.

Richard, indigné d'avoir passé sept années avec un tel monstre, résolut de ne plus se marier ; il s'enferma dans l'abbaye de Fécamp, dont il était fondateur, avec trois des officiers de sa maison, détestant le génie qui l'avait trompé, mais ne pensant jamais à la manière dont il s'y était pris, ni à la figure qu'il avait empruntée, sans se sentir attendri.

Richard avait passé deux années entières dans sa retraite de Fécamp, où il se convainquit que si les monastères renferment quelquefois de mauvais religieux, il en est dont les mœurs pures l'emportent de beaucoup sur l'austérité tant vantée des philosophes de l'antiquité. Il ne sortit de l'abbaye qu'à l'occasion du tournoi que Charlemagne fit publier dans toute l'Europe. Ce prince, qui réunissait sous sa puissance la France et l'empire d'Occident, et qui, pour le bonheur du monde, eût mérité d'en être le souverain, venait d'assurer au Pape le gouvernement de Rome. Il voulut célébrer par des fêtes son retour dans ses États. Il envoya des courriers de tous côtés, invita les chevaliers de tous les pays de venir embellir cette fête, et indiqua Paris, sa capitale, pour le lieu du rendez-vous. Dès que Richard en fut instruit, il se mit en route et arriva à Paris en même temps qu'Aymé, duc de Bavière ; Roger, duc de Danemark, Olivier et Roland, cousins du roi Charlemagne ; Thierry d'Ardenne, Salomon de Bretagne, Renault de Montauban et ses trois frères ; Charles, comte d'Alençon, le comte de Vendôme, le duc de Bourbon et l'Amoureux de Galles, qui conduisait à ces fêtes la belle Clarisse, fille du roi d'Angleterre.

Lorsqu'ils furent tous arrivés, ils allèrent ensemble féliciter l'empereur sur son retour et sur les établissements utiles qu'il venait de faire dans sa capitale. Charlemagne les reçut avec cet air de bonté et de grandeur dont il accompagnait toutes ses actions ; il les félicita à son tour sur leurs exploits et sur la gloire qu'ils venaient acquérir dans les joutes. Il fixa le tournoi au dimanche suivant. Comme les chevaliers étaient en grand nombre, il fut décidé qu'ils se partageraient en deux troupes et que l'une combattrait contre l'autre. Ce fut le sort qui en décida. La première troupe fut formée de Roger le Danois, du comte de Prague, d'Olivier de Vienne, son cousin, et de plusieurs autres. Cette troupe devait tenir les joutes en dedans du camp. Richard sans Peur ; Salomon, duc de Bretagne ; les quatre fils du comte Aymon ; Thierry, seigneur d'Ardenne ; le duc de Bourbon et le comte d'Alençon composaient la seconde troupe.

Le tournoi commença vers une heure après midi. L'impératrice-reine de France se plaça sur un échafaud couvert d'un brocart d'or ; elle était accompagnée de plusieurs princesses ; elle avait à son côté Clarisse, dont la beauté attirait les regards des chevaliers et des spectateurs. Derrière les princesses étaient placées les autres dames de la cour, toutes magnifiquement parées, mais plus remarquables par leurs attraits que par leur parure.

Les chevaliers, précédés de leurs hérauts, couverts de leurs armes étincelantes, firent le tour du camp en baissant leurs lances devant les dames : comme chacun avait la sienne sur l'échafaud de la reine, c'était à qui montrerait le plus de grâce et d'agilité. Après cette montre, les chevaliers rejoignirent leur troupe. Lorsque les hérauts eurent donné le signal, et que les trompettes eurent fait retentir les airs, Richard, qui montait un cheval de race qu'il avait formé lui-même, courut le premier ; le brave Roland, l'Hector de son siècle, courut de son côté contre Richard : deux rochers d'égale grandeur qui se détachent du sommet de la même montagne ne tombent pas avec une rapidité plus égale. Ils se frappent, et leurs lances se brisent sur leurs écus ; ils reprennent du terrain et partent avec plus d'impétuosité ; Richard atteint Roland sur le heaume et le désarçonne. Roland se remet ; ils reviennent, se mesurent, et se frappent avec une telle force qu'ils vont tomber avec leurs chevaux à vingt pas l'un de l'autre. Leur chute fut si violente qu'ils restèrent à terre presque évanouis et sans connaissance. Chacun des combattants était le chef d'un parti. Les chevaliers, qui ne les voyaient pas se relever, coururent à eux et levèrent leur visière ; l'air rétablit leurs forces et ils remontèrent sur leurs chevaux. Olivier, cousin de Roland, prit sa place, et Salomon, duc de Bretagne, celle de Richard. Olivier terrassa et mit Salomon hors de combat.

Les joutes devinrent générales ; les deux partis se battaient l'un contre l'autre. Guy de Bourgogne et Oger s'entrechoquèrent et tombèrent chacun de son côté. L'Amoureux de Galles, dont le courage et la force semblaient doubler par le désir de plaire à la princesse d'Angleterre, avait mis hors de combat le vaillant duc de Bourgogne et le noble comte d'Alençon, moins jaloux dans ce moment de plaire à leurs maîtresses que d'obtenir l'estime de Charlemagne. L'Amoureux de Galles s'applaudissait de son triomphe. Richard fut indigné de tant d'orgueil ; il résolut de le mortifier aux yeux de sa maîtresse ; il s'élance contre l'Anglais, et du premier coup le renverse à dix pas de son cheval. Les deux troupes ne se ménageaient point. Richard fit des prouesses incroyables pour forcer le parti qui était en dedans, défendu par Roland, qui lui opposait une résistance invincible. Richard fait le tour du camp, et tout ce qui se présente à ses coups, il l'écarte ou l'abat. Tous les chevaliers le redoutent ; partout où il passe, il est comme l'aimant au milieu de la limaille de fer lorsque leurs pôles sont opposés ; il règne un grand intervalle entre lui et ses ennemis. Enfin l'avantage est égal entre les deux chefs : Richard reçut le prix du tournoi par les dames du côté de dehors, et Roland l'obtint de celles du dedans.

Charlemagne loua chaque chevalier en particulier ; il ne mit aucune différence entre les vainqueurs et les vaincus, encourageant les uns et les autres. Il donna un festin auquel les chevaliers, les seigneurs et les dames furent invités. La bonne opinion que l'Amoureux de Galles avait témoignée de lui-même avait indisposé Richard ; soit prévention, soit jalousie, il le vit à regret l'amant de Clarisse. Le hasard le plaça à table à côté d'elle : Richard lui marqua les attentions et les soins les plus empressés ; Clarisse n'y fut point insensible.

Richard, qui depuis la trahison du génie était en garde contre la beauté, avait été surpris de celle de la princesse d'Angleterre. La conversation de Clarisse, le son de sa voix, changèrent l'admiration de Richard en un sentiment plus tendre ; avant la fin du repas, il en était plus amoureux qu'il ne l'avait jamais été d'Éléonore. L'orgueilleux Anglais était placé vis-à-vis ; la jalousie dans le cœur et le dépit sur le front, il les observait, répondait à son voisin d'un air distrait et lançait sur sa maîtresse des regards foudroyants. Richard était gai, complaisant, aimable. L'Anglais était sombre, exigeant et sévère. Richard était modeste, semblait ignorer son mérite, et parut étonné que Clarisse eût entendu parler de ses exploits. L'Anglais ne cessait de vanter les siens et les exagérait à sa maîtresse.

Les femmes ont un instinct singulier pour apprécier les bonnes ou les mauvaises qualités de leurs amants. Si leur cœur se trompe souvent lorsqu'il se donne, leur esprit n'est jamais en défaut lorsqu'il nous juge. Le parallèle que Clarisse fit de Richard et de l'Amoureux de Galles lui fit voir dans ce dernier tous les défauts qu'elle n'avait fait qu'apercevoir ; la fureur qu'elle voyait dans ses yeux lui fit trouver ces défauts insupportables. Richard vanta le bonheur de l'Anglais et loua le choix de la princesse. Elle rougit et lui dit naïvement qu'elle n'avait pas été à portée de choisir, et que le prince de Galles lui avait été donné par ses parents ; qu'à la vérité il l'adorait, mais qu'elle n'avait jamais pu le souffrir.

La fin du souper interrompit Richard. Il demanda à la princesse la permission de la servir. L'Amoureux de Galles ne tarda point à les joindre. « Chevalier, lui dit-il, vous êtes aussi pressant auprès des belles qu'aux tournois ; mais il me semble que Clarisse vous coûtera plus à vaincre que son amant. » Ce brusque reproche fit rougir Richard et n'embarrassa pas moins la princesse. « Seigneur chevalier, répondit l'intrépide Normand, les armes sont journalières ; vous avez été vaincu aujourd'hui, je le serai peut-être demain. Quant à la belle Clarisse, je sens qu'il faudrait être bien téméraire pour oser entreprendre une telle conquête. » L'orgueilleux Anglais prit au pied de la lettre le compliment de Richard. « Je sais ce qu'elle m'a coûté, reprit-il, vous y perdriez vos peines ; ainsi, croyez-moi, la France vous offre mille beautés moins difficiles, attaquez-les ; Clarisse et moi applaudirons à vos victoires. — Clarisse, dit Richard, me nommera les cœurs que je dois attaquer, souffrez que je la consulte et que je lui offre mes services en échange de ses conseils. » L'Anglais ne répondit rien, prit un air sombre, et conduisit Clarisse à la reine qui venait à eux.

Le lendemain Richard fit demander à la princesse d'Angleterre la permission de la voir. L'Amoureux de Galles, Édouard, en fut informé ; il se trouva chez Clarisse lorsque Richard y arriva. Tous les trois éprouvaient la gêne la plus cruelle : la princesse se sentait un penchant secret pour Richard, qui, de son côté, brûlait pour elle. Les yeux d'un jaloux sont pénétrants, mais l'orgueil d'Édouard était un voile qui le rassurait. Il les obsédait sans cesse, et cette contrainte, en irritant les feux de son rival, contribua beaucoup à lui enlever sa maîtresse. Huit jours se passèrent dans cette gêne ; Richard enfin profita d'un moment favorable pour déclarer sa passion à Clarisse. « Si vous aimiez Édouard, lui dit-il, si votre cœur l'eût préféré à d'autres, je n'aurais jamais fait connaître mon amour : c'est une déloyauté que de chercher à désunir deux cœurs que l'amour a joints ; il abuse de l'autorité que vos parents ont sur vous, il doit en être puni. » Clarisse hésitait ; malgré l'amour qu'elle avait pour Richard, sa reconnaissance pour l'Amoureux de Galles balançait sa nouvelle passion.

— Si, lorsque vos parents, reprit-il, vous destinèrent à Édouard, ils avaient consulté votre cœur, l'auriez-vous accepté ?

— Non, répondit la princesse.

— Eh bien ! dit Richard, je vous rends vos droits ; vous n'avez rien promis, vous n'avez pas à craindre d'être parjure.

Clarisse fut si ébranlée par tout ce qu'ajouta Richard qu'enfin elle l'accepta pour amant. Il lui promit de la délivrer du jaloux qui l'obsédait, ou du moins de la mettre en état de se choisir librement un époux.

Après que les fêtes eurent pris fin et que le départ de Clarisse fut fixé, Richard, qui avait su adroitement qu'Edouard devait la reconduire en Angleterre et la faire passer par la Normandie, partit deux jours avant, ne s'arrêta point à Rouen et alla s'enfermer dans un château à dix lieues au delà, sur le chemin qui conduit à la mer ; il ne prit avec lui qu'un écuyer, auquel il ordonna de rester dans le donjon du château, d'observer tout ce qui paraîtrait sur le chemin de Paris, et de l'avertir lors-qu'il verrait une dame accompagnée de deux demoiselles montées sur des haque-nées blanches, escortées de onze chevaliers. Cet ordre donné, Richard s'arma, tint son cheval tout prêt et attendit l'avis de son écuyer. Il fut un jour entier dans cette attente, montant à tout instant au donjon dans la crainte que l'écuyer ne s'endor-mît, et parce qu'il semblait qu'en observant lui-même il les apercevrait plus tôt.

Il les vit enfin à une lieue de distance. Édouard marchait à côté de Clarisse, les deux demoiselles les suivaient, quatre chevaliers les précédaient et les six autres fermaient la marche. Richard ne les a pas plutôt aperçus qu'il monte à cheval, prend sa lance et va au-devant d'eux. Dès qu'il est à portée de se faire entendre, il leur ordonne de se retirer et de lui abandonner la princesse qu'ils conduisent et qui lui appartient. Clarisse reconnut aisément la voix du chevalier. L'Amoureux de Galles, qui ne le remit pas, lui cria : « Insensé ! quelle est ton audace d'oser seul t'exposer à une entreprise pour laquelle cent comme toi ne seraient pas encore assez forts ? — C'est ce qu'il faudra voir », reprit Richard en mettant l'épée à la main.

Édouard allait en venir au combat; deux des chevaliers qui le précédaient l'en empêchèrent, et l'un d'eux prit sa place ; mais d'un seul coup Richard fit reculer au loin le cheval et celui qui le montait. Le second eut le même sort. Alors quatre chevaliers réunirent leurs forces et baissèrent leurs lances contre lui. Il les évite avec adresse, voltige autour d'eux, frappe l'un à la tête, l'autre à la cuisse, un troisième dans la visière et enlève le quatrième de son cheval, le précipite à terre et lui enfonce la tête dans le sable jusqu'à la poitrine ; ses jambes, en s'agitant, frappent le cheval de l'Amoureux de Galles et lui portent dans le poitrail un coup d'éperon qui le met en sang. Édouard est furieux ; il reconnaît Richard. La honte et la jalousie redoublent ses forces ; il court à lui : Richard l'attend. Édouard lui porte un coup d'épée qui eût dû séparer en deux le chevalier et sa monture ; mais Richard qui voit le coup le fait gauchir, et l'épée vole en éclats. Richard s'élance sur lui, le prend d'une main, et de l'autre tient la pointe de l'épée au défaut de l'armure, prêt à la lui plonger dans le sein s'il refuse de se rendre.

Dans le moment que Richard est ainsi occupé, deux chevaliers couraient sur lui et allaient le terrasser : c'en était fait de lui, si Clarisse ne fût accourue et n'eût détourné leurs lances. A ce moment, Édouard qui se voit trahi fait un soupir, demande grâce à Richard, et lui dit qu'il se rend. A peine Richard l'a-t-il quitté, qu'il voit le perfide prendre son poignard et le lever sur le sein de la princesse. Richard jette un cri, pousse son cheval, passe entre Édouard et Clarisse, la sauve, revient contre l'assassin, le désarme, et du même poignard l'étend aux pieds de sa maîtresse. Il restait encore quatre chevaliers ; Clarisse leur propose de se retirer ; ils refusent. L'épée de Richard était émoussée, et les chevaliers l'attaquent à la fois. Une des compagnes de Clarisse descend de cheval, prend deux épées des chevaliers étendus sur le sable, en donne une à Richard et garde l'autre en cas d'événement.

Le chevalier attend ses ennemis de pied ferme ; lorsqu'ils sont prêts à le frapper, il se détourne et passe derrière eux ; il ne les frappe pas, mais il porte de si rudes coups sur la croupe de leurs chevaux que tous les quatre en un clin d'œil sont emportés à plus de deux cents pas. Deux des chevaux s'abattirent et expirèrent sur la place ; les deux autres refusèrent d'obéir à la voix et à l'éperon. Richard ne voulut point profiter de l'avantage qu'il avait d'être à cheval, il donna le sien à garder à une des dames et se présenta au combat contre les deux chevaliers qui étaient à pied. Ils rougirent de l'attaquer à la fois ; Richard les blessa l'un après l'autre et les laissa sur le sable. Il s'avance vers les deux qui restaient ; étonnés des prodiges dont ils venaient d'être témoins, ils lui demandèrent grâce ; il la leur accorda ; ils se rendirent. Richard envoya ordre à son écuyer de faire enterrer les morts et de faire transporter les blessés à Rouen, dans son palais. Alors Richard dit à Clarisse qu'il avait rempli la promesse qu'il lui avait faite de la mettre à portée de se choisir un époux. « Vous êtes libre, lui dit-il ; je vous adore : mais si je ne puis vous plaire, ordonnez, j'irai moi-même vous remettre dans les bras de l'heureux époux que vous choisirez. » Clarisse lui répondit que son choix était fait ; mais qu'elle dépendait du roi son père. Richard la rassura, et Clarisse lui jura qu'elle n'aurait jamais d'autre époux que lui. Le chevalier tomba à ses genoux, et lui jura à son tour une fidélité à toute épreuve.

Quand les morts et les blessés furent enlevés, Richard, Clarisse, ses deux compagnes et les deux chevaliers prisonniers prirent le chemin de Rouen, où ils furent reçus avec la plus grande joie. Richard eut le plus grand soin des blessés ; il y en eut trois qui guérirent de leurs blessures. Peu de jours après Richard convoqua les États, et raconta tout ce qui s'était passé depuis le moment qu'il avait vu Clarisse jusqu'au combat de l'Amoureux de Galles. Il fut interrompu par un murmure qui s'éleva dans l'assemblée. Ce prince, que Richard croyait avoir tué, palpitait encore lorsqu'on se disposait à l'enterrer. L'écuyer le secourut, et ses soins le rendirent à la vie. Il lui demanda le secret le plus inviolable ; l'écuyer le promit. Édouard fut rétabli en peu de jours ; il se montra à quelques amis de Rouen. Il leur dit que le duc ne manquerait pas de se vanter de l'avoir tué, mais qu'en cela, comme sur bien d'autres exploits, il avait l'art d'en imposer à la crédulité du peuple.

Lorsque Richard en parlant aux États en vint à la mort d'Édouard, ceux qui l'avaient vu ne manquèrent pas de se récrier. Richard interpella Clarisse, elle protesta qu'elle l'avait vu tomber à ses pieds. On fit venir l'écuyer, qui avoua la vérité. Un inconnu présenta au duc une lettre qu'un Anglais qu'il n'avait jamais vu, lui avait remise, et qui s'était embarqué dans le même moment. Le duc l'ouvre et la lit en présence des États.

Edouard, prince de Galles, à Richard, duc de Normandie.

« Tu m'as ravi ce que j'avais de plus cher ; et comme si le titre de ravisseur ne te suffisait pas pour te déshonorer aux yeux des nations, tu te vantes d'avoir donné la mort à ton rival : je te préviens que je pars ; et que, si dans quatre jours tu ne me renvoies pas Clarisse à Londres, je viendrai avec une puissante armée ravager la Normandie, t'arracher ta proie, et punir par ton supplice ta perfidie et ton imposture. »

Après la lecture de cette lettre, Richard dit à ses sujets qu'il était prêt de soutenir, les armes à la main, que tout ce qu'il avait raconté, à l'exception de la mort d'Édouard, qu'il croyait certaine, était exactement vrai ; que s'il avait besoin de se justifier auprès d'eux, il n'y avait qu'à interroger les prisonniers. Tout le monde d'une voix unanime s'écria que c'était une chose inutile, et qu'on en devait croire Richard. « Je prévois, ajouta-t-il, que nous allons avoir sur les bras une guerre sanglante avec le roi d'Angleterre, qu'Édouard n'a pas manqué de prévenir. Mon dessein était de vous proposer Clarisse pour souveraine ; vous voyez sa beauté, et vous avez souvent entendu parler de ses vertus. Elle n'eût aspiré qu'à faire votre bonheur et le mien : j'aurais pu l'épouser sans vous consulter ; mais comme vous êtes chers à mon cœur, c'était de vous que je voulais la tenir. La menace d'Édouard est une circonstance qui mérite vos réflexions. C'est à vous à délibérer, si vous aimez mieux que votre souverain se couvre d'un opprobre qui rejaillira sur vous, en renvoyant une jeune princesse à des tyrans, ou si vous préférez mon honneur et le vôtre à une paix qu'il faudrait acheter par une ignominie. » On ne perdit aucun temps à délibérer ; toute l'assemblée s'écria : *Clarisse et la guerre*.

Aussitôt Richard dicta lui-même le cartel qu'il fit écrire par un de ses ministres.

Richard, duc de Normandie, à Edouard, prince de Galles.

« Un ravisseur est celui qui, comme toi, abuse de l'autorité d'un père injuste, pour se rendre maître d'un cœur dont il n'est pas digne, et auquel il ne laisse pas la liberté du choix. Je n'ai délivré Clarisse de ta tyrannie que pour lui rendre cette liberté ; elle en dispose en ma faveur ; si elle m'eût ordonné de la rendre à tes vœux, j'aurais respecté ses ordres ; mais pour le bonheur de mes sujets elle préfère d'être leur souveraine à l'honneur de régner un jour avec toi sur l'Angleterre. Si tu n'avais pas craint de combattre seul à seul contre moi, tu n'aurais pas été chercher l'appui d'une armée. De quelque manière que tu viennes en Normandie, je t'y attends. Mes sujets se disposent à recevoir tes troupes : il n'en est aucun qui n'ait ri de tes menaces ; juge du cas que j'en fais. »

On applaudit à ce cartel. Richard l'envoya par un héraut, qui conduisit en même temps les prisonniers au roi d'Angleterre. Il était déjà prévenu que Clarisse acceptait la main de Richard. Il jura la perte du duc, et protesta qu'il aurait Clarisse malgré lui. Il avait déjà donné des ordres pour lever des troupes, Édouard en rassemblait de tous côtés. Le roi voulut commander lui-même son armée : il fit Édouard son lieutenant général, et sous lui le duc de Northumberland et le comte de Winchester. Tous les seigneurs anglais demandèrent à l'accompagner. Il fit un armement considérable qu'il chargea de toutes sortes de munitions ; et lorsque tout fut rassemblé, on s'embarqua, et l'armée anglaise descendit à Dieppe.

Le roi d'Angleterre fit sa descente sans obstacles ; Richard ne fit aucun effort pour s'y opposer. Il attendit les députés du roi, qui le sommèrent de rendre Clarisse, s'il ne voulait exposer son pays à la destruction, et ses habitants à toutes les horreurs de la guerre. Richard répondit qu'il défendrait son épouse jusqu'à la dernière goutte de son sang, et qu'il comptait assez sur la fidélité de ses sujets pour espérer que, tant qu'il en resterait, ils ne l'abandonneraient pas.

Richard avait demandé du secours à Roland et à Renaud de Montauban : ils ne purent lui en donner aucun ; ils étaient occupés à la guerre que Charlemagne faisait contre les Sarrasins, qui, après avoir été chassés de la France, y étaient encore entrés, et menaçaient de s'emparer de l'Aquitaine. Le roi d'Angleterre se félicita de leur absence et crut que sans eux Richard ne pourrait jamais soutenir ses efforts. Il assembla son conseil, et il fut décidé de profiter du désordre où l'arrivée des Anglais avait dû jeter les habitants. Les ennemis étaient campés au delà de Dieppe. Dès que Richard sut la résolution du conseil, il ne voulut point les attendre, et marcha vers eux avec audace : il avait pour maxime qu'à la guerre il faut se laisser attaquer le moins qu'on peut. Il avait donné l'aile droite à commander au comte de Mortagne, et la gauche au comte d'Alençon.

Dans le temps qu'il était en marche pour joindre les ennemis, il aperçut au fond d'un vallon un jeune homme richement armé sur un cheval noir de la plus grande beauté. Le jeune chevalier s'approcha d'un air modeste, et Richard fut frappé de sa figure : il lui trouvait une ressemblance singulière avec Éléonore, il soupira et n'eut aucune méfiance. Il lui demanda par quel hasard, dans un jour où l'on se préparait à combattre, il se trouvait dans cet endroit écarté. « Je suis étranger, dit le jeune homme, et n'ai pris aucun parti. Cependant votre valeur m'intéresse, le petit nombre de vos troupes, l'absence de Roland et de Renaud sur lesquels vous comptiez, l'orgueil du prince de Galles, me déterminent à vous offrir mon bras ; mon secours ne vous sera peut-être pas indifférent ; quoique jeune, ces mêmes Renaud et Roland ont daigné m'applaudir quelquefois, je connais l'armée ennemie, la langue anglaise m'est aussi familière que la française ; à la faveur de mon armure étrangère, je puis parvenir jusque dans la tente du roi, et assister à ses conseils les plus secrets. Si vous daignez accepter mon secours, je vous l'offre, mais à condition que lorsque j'aurai besoin du vôtre, vous ne me le refuserez pas dans quelque circonstance que je me trouve. »

Richard y consentit, et le jeune homme l'assura que tant qu'ils seraient unis, l'armée n'avait rien à craindre. Richard avait bien de la peine à concilier l'air modeste de ce jeune homme avec les prouesses dont il se vantait. Le duc, accompagné du chevalier inconnu, se mit à la tête de ses troupes. Dès que les deux armées furent en présence, le jeune chevalier, avec la permission de Richard, fit donner le signal de la bataille par les trompettes ; ce brusque empressement, auquel les Anglais ne s'attendaient pas, les étonna. Mais ils furent bien plus surpris, lorsque les deux chevaliers se précipitèrent au milieu d'eux et abattirent plus de mille hommes en moins d'une demi-heure. Le feu qui dévore un chaume est moins prompt à nettoyer un champ. Leurs chevaux étaient comme deux lions. Ils devançaient les ennemis qui prenaient la fuite, et les forçant de revenir sur leurs pas, les fugitifs faisant face à ceux qui voulaient fuir, les choquaient, ils s'embarrassaient les uns les autres, et ne songeaient point à se défendre. Il n'y eut pas un seul coup de leurs épées qui portât à faux.

A la faveur de ces deux héros, les Normands pénétrèrent dans les lignes des ennemis, et les enveloppèrent de tous côtés. Édouard essaya de les rallier et de former une colonne qui fît face de tous côtés. Les chevaliers s'aperçurent de cette manœuvre, ils l'attaquèrent de front, pénétrèrent jusqu'au centre, et ouvrirent un passage aux Normands qui dissipèrent cette masse énorme. Le chevalier inconnu rencontra le roi d'Angleterre, il voulut le conduire à Richard : il lui proposa de se rendre ; ce prince ne lui répondit que par un coup d'épée, le jeune chevalier l'abattit à ses pieds d'un coup de la sienne. De son côté Richard avait rencontré le prince de Galles, qui cherchait à l'éviter. « Pour cette fois, lui dit le duc, je t'ôterai le moyen de me démentir, quand on publiera que je t'ai tué » ; aussitôt il lui abat la tête d'un revers, et ordonne qu'on la mette au bout d'une pique et qu'on la porte à Rouen.

Dès que le bruit de la mort du roi fut répandu dans son armée, et qu'on vit la tête du prince de Galles, les Anglais prirent la fuite avec précipitation, et plusieurs se noyèrent en s'embarquant, croyant avoir toujours les chevaliers à leurs trousses. L'inconnu en les voyant fuir les défiait ; sa voix les faisait fuir encore plus vite. Enfin ils disparurent, et leur camp resta tout entier au pouvoir des Normands, sans que les Anglais eussent emporté un seul pavillon.

Le chevalier inconnu vint rejoindre Richard, et lui demanda s'il était content de son service. Le duc le combla d'éloges et de témoignages de reconnaissance. Il le pria de lui dire qui il était, et ce qu'il pourrait faire pour lui. « Me tenir votre parole, lui dit l'inconnu ; quant à mon nom, c'est un secret qu'il n'est pas en mon pouvoir de vous dire. » Richard voulait l'amener à Rouen et lui donner des fêtes ; l'étranger le remercia, il lui promit qu'ils se reverraient, gagna la forêt, et disparut.

Le duc, accompagné des chevaliers et des seigneurs de sa cour qui s'étaient le plus distingués à la bataille des Anglais, rentra dans Rouen au milieu des fêtes et des acclamations du peuple. Clarisse vint au-devant de lui, sa joie était altérée par la douleur qu'elle avait de la mort du roi son père. Elle avait appris qu'un inconnu, qui avait voulu le faire prisonnier l'avait tué. Richard qui n'en voulait qu'au prince de Galles, et qui eût désiré que le roi se fût porté à un accommodement, le pleura avec elle et la consola peu à peu. Le trône d'Angleterre fut occupé par la reine qui fit sa paix avec Richard, et qui l'aima comme son fils.

Peu de jours après la bataille, Richard voulut donner à sa femme le plaisir de la chasse. Le rendez-vous était au milieu de la forêt. Lorsque les chasseurs furent assemblés, le duc s'aperçut que ses chiens étaient harassés et couverts de blessures. Il s'en plaignit à ses officiers, qui lui dirent qu'il y avait un gros sanglier blanc qui ravageait la forêt, et qui attaquait également les bêtes fauves et les chiens. Richard se proposa de le chasser ; ses piqueurs lui dirent que ce sanglier appartenait aux fées Clorisandre et Églantine, qui avaient pris soin de l'élever dans leur parc ; il s'était échappé depuis quelque temps, et les fées avaient promis une récompense magnifique à celui qui le leur ramènerait en vie.

Richard alla lui-même chez les fées, leur demanda la permission de chasser leur sanglier, et leur promit de le leur ramener. Elles furent sensibles à l'attention de Richard, et le remercièrent de ses soins, quoiqu'ils fussent inutiles, parce qu'il était dans la destinée de cet animal de ne pouvoir être pris que par un duc de Normandie né d'une chrétienne et d'un Sarrasin. Richard fut fâché de cette circonstance, n'entreprit point la chasse du sanglier, offrit ses services aux fées, et se retira. Elles lui firent présent d'un petit miroir de poche constellé, qui avait la vertu de détruire les enchantements. Elles lui apprirent la manière de s'en servir. Quoiqu'on ne chassât pas le sanglier blanc, la duchesse ne fut pas moins satisfaite de sa partie de chasse.

Le duc s'était beaucoup fatigué. Il était dans le plus profond sommeil, lorsque vers minuit il fut éveillé en sursaut : sa porte s'ouvre, et le chevalier inconnu, qui l'avait si bien secondé le jour de la bataille de Dieppe, ouvre ses rideaux. « Richard, lui dit-il, je viens vous sommer de votre parole : il n'y a pas un moment à perdre, armez-vous et suivez-moi. » Richard avait quitté son lit avant que l'étranger eût cessé de parler. Lorsqu'il fut armé il lui demanda où il fallait le suivre.

— A une aventure, dit l'inconnu, où vous pourriez bien perdre le beau titre de chevalier sans peur que tout le monde vous donne.

— J'y perdrai plutôt la vie, reprit Richard ; j'ai été tourmenté par des lutins, tracassé pendant sept ans par ma femme, qui était un vrai démon ; j'ai dansé avec les Hellequin, je me suis battu avec les chevaliers les plus renommés, rien de tout cela ne m'a effrayé.

— Nous verrons, interrompit le jeune homme, suivez-moi.

Richard suivit son conducteur dans la forêt ; ils y trouvèrent douze chevaliers qui se préparaient à combattre, et qui s'exerçaient en attendant le jour. Richard demanda qui ils étaient.

— Des paladins, répondit l'étranger, qui ne craignent guère votre intrépidité, et qui certainement vous feront trembler.

— Jeune homme, s'écria Richard, sais-tu que tu me donnes envie de les attaquer, pour te prouver que je ne les crains pas ?

— Il n'est pas temps encore, lui dit l'inconnu, réservez votre courage pour une meilleure occasion.

Toute la vengeance que la fée Minucieuse voulait tirer de Richard consistait à lui faire perdre son nom d'intrépide ; le génie Brudner s'y était engagé, mais ses ruses et ses efforts avaient toujours échoué. Il avait résolu cette nuit de venir à bout de son entreprise. Lorsque Richard et le génie, car l'inconnu était Brudner lui-même, furent bien enfoncés dans la forêt, un écuyer, d'une figure hideuse et portant une torche dans chaque main, paraît et s'écrie : « Que tardes-tu ? Le grand Nazomega t'attend. Ce chevalier fanfaron, qui doit te servir de second, pourquoi ne l'amènes-tu pas ? Ne devais-tu pas prévoir qu'il serait aussi effrayé que toi, lorsque tu lui proposerais de combattre contre nous ? »

Richard pouvait se modérer à peine : « Laisse-moi faire, dit-il à son conducteur, tu vas voir rouler sa tête sur le sable. » Le jeune homme l'arrêta ; Richard dit à l'écuyer : « Rends grâce au mépris que j'ai pour toi, si tu respires encore ; mais va dire à celui qui t'envoie, que, fût-il escorté de l'enfer, je le combattrais. — Eh bien, reprit le hideux écuyer, en secouant ses torches et en riant, suivez-moi. » A peine ont-ils fait quelques pas, que les arbres qui les environnent se courbent, éclatent, et que toute la forêt semble crouler sur leurs têtes. L'écuyer avec une de ses torches met le feu à une feuille, et dans l'instant Richard se trouve sous une voûte de flamme. Il voit à chaque branche un glaive suspendu : un vent violent agitait ces glaives qui s'entrechoquaient. Le jeune chevalier paraissait transi de peur. « Que crains-tu, lui dit Richard, courons-nous plus de danger ici qu'au centre des colonnes anglaises ? Avons-nous à perdre aujourd'hui une vie de plus qu'en un jour de bataille ? Cet écuyer t'annonçait un combat, où donc sont nos adversaires ? Quel est le juge des joutes à qui nous devons nous adresser ? »

A peine a-t-il parlé, qu'un coup de foudre frappe un arbre voisin, fend l'écorce et en fait sortir un démon d'une taille prodigieuse ; il n'avait qu'un œil placé au milieu de la poitrine ; il avait dix oreilles et point de mains ; il n'avait rien qui pût désigner son sexe : une balance était suspendue devant lui ; à ses pieds était un tas de couronnes et un glaive. L'écuyer conduisit les deux chevaliers devant le démon. Nazomega parut en même temps ; il accusa le jeune chevalier d'avoir violé sa fille, et Richard d'avoir assassiné le roi d'Angleterre après avoir enlevé Clarisse. Nazomega offrit la preuve de tous ces faits. « J'ignore, dit Richard, si ce jeune homme a violé ta fille, mais je sais que tu mens lorsque tu avances que j'ai tué le roi d'Angleterre, et que j'ai enlevé Clarisse. Le roi a péri en brave guerrier, par les mains d'un guerrier plus brave que toi, et Clarisse m'a choisi librement pour époux : quiconque dit le contraire ment, et je suis tout prêt à le lui prouver à pied et à cheval et avec telles armes qu'il jugera à propos. »

Nazomega parut furieux ; il demanda au juge de leur octroyer le champ de bataille, qui fut accordé dans l'instant. Il jeta son gantelet ; Richard allait le relever, lorsque le chevalier le prit, en représentant au duc qu'il s'était offert pour second, et que n'ayant pas d'autre adversaire, il ne devait combattre que dans le cas où le premier tenant serait vaincu. Richard se plaça à côté du juge pour être spectateur du combat.

Nazomega était d'une taille gigantesque ; ses yeux étaient rouges et étincelants, son nez avait la forme d'une trompe d'éléphant, était d'une grosseur énorme, et allait se perdre sous son menton. Sa tête pointue était chauve d'un côté et couverte d'une forêt épaisse de cheveux de l'autre : toute son armure était d'un cristal de roche très poli ; il était monté sur une écrevisse, qui depuis la tête jusqu'à l'extrémité de la queue, avait une toise et demie, ses antennes avaient quinze pieds. On proposa au chevalier le choix entre une monture semblable et son cheval, il préféra la dernière. Ils prirent du terrain, le chevalier s'élança sur son adversaire : Nazomega qui avait arraché une des antennes de l'écrevisse, et qui s'en servait au lieu de lance, l'attendit de pied ferme. Le chevalier rompit sa lance sur l'écu du géant ; et tandis qu'il se retournait pour prendre du terrain, l'écrevisse ne fit qu'étendre sa jambe, saisit le chevalier avec sa pince, l'enlève de dessus son cheval et le terrasse. Le chevalier demanda grâce et s'avoua vaincu : « Qu'on le garde, dit Nazomega, et qu'on le donne demain à mon écrevisse après son avoine. »

Richard monte à cheval et prend du terrain ; il entend un coup de tonnerre, et voit aussitôt la voûte enflammée vomir de toutes parts des démons qui voltigent, et qui prennent leurs places pour être témoins du combat. Nazomega pique son écrevisse qui ne fait que s'appuyer sur ses pattes de derrière, et joint le duc : Nazomega lui porte un coup d'antenne, elle se brise contre ses armes. Le monstre met l'épée à la main, Richard ne demande pas mieux ; il aperçut la monture de Nazomega qui levait la pince : le duc se retourne à propos et la coupe d'un revers, il en revint aussitôt une nouvelle ; alors le combat devint furieux, les coups tombaient sur leurs heaumes comme la grêle : Nazomega en portait de si terribles, que le plus dur rocher eût volé en éclats.

Richard eût dû périr mille fois, mais il ne sentait rien ; il passa deux ou trois fois son épée au travers du corps de son adversaire, qui ne s'en portait pas plus mal. Ce combat fut interrompu par l'arrivée des douze chevaliers que Richard avait rencontrés dans la forêt. Deux étaient montés sur des tigres, deux sur des léopards, les deux autres sur des lions, les deux qui suivaient sur des rhinocéros, deux sur des dromadaires, et les deux derniers sur des chevaux ailés. Richard se vit attaqué à la fois par ces douze combattants, plus épouvantables par leurs figures que par les animaux qu'ils montaient. Leurs yeux paraissaient immobiles et dardaient des rayons qui éblouissaient Richard. Il ne s'effraya de rien, il se jeta au milieu d'eux, et les mit tous hors de combat. Alors Nazomega dit à Richard :

— Tu l'emportes ; mais sais-tu pour qui tu te bats, c'est pour ton génie persécuteur, le même que tu as épousé sous le nom d'Éléonore, et qui t'a si bien secondé dans la bataille contre les Anglais.

— Comment, traître ! s'écria le duc, tu voudrais me persuader que ce brave chevalier est un génie, un enchanteur, un démon. Tu mens, et je suis prêt à te prouver qu'il est le plus vaillant de tous les chevaliers que j'ai vus.

— Homme téméraire, reprit Nazomega, sais-tu contre qui tu combats ?

— Sans doute, dit Richard, contre des faux-monnayeurs et des brigands déguisés qui dévastent ma forêt.

— Tu te trompes, répondit le chevalier au nez courbé, c'est contre des démons que ce génie a évoqués des enfers. Je ne sais quel est son dessein, il nous rassemble ici pour te combattre jusqu'à ce que tu avoues que tu as peur.

— Oh ! parbleu, vous combattrez trop longtemps, lui dit-il ; car de ma vie je n'ai menti, ni je ne mentirai. S'il est un génie, comme vous le dites, pourquoi l'avez-vous terrassé ? Pourquoi était-il transi de peur quand il a combattu ?

— Pour t'effrayer toi-même, répondit Nazomega.

— N'importe, dit Richard, quel qu'il soit, je le regarde comme très vaillant et très loyal, et je suis ici pour le soutenir.

— Chevalier obstiné, reprit Nazomega, sais-tu qu'il y va de ta vie, et que quiconque ose lutter avec nous doit succomber à la fin ; crois-moi, soumets-toi, rends-moi les armes, fléchis le genou devant le grand juge, et nous te laisserons aller, aussi bien as-tu besoin de repos.

Richard ne réplique au harangueur que par un grand coup d'épée par le nez. Leur combat recommence ; mais Richard voyant que les coups qu'il porte à son adversaire ne lui font aucun mal, et enfin convaincu qu'il se bat contre les démons, tire adroitement de sa poche le miroir que lui avaient donné les fées Églantine et Clorisandre, l'attache à son heaume, et à mesure que les objets enchantés se peignent dans la glace, ils disparaissent. Les démons restèrent immobiles ; leurs corps fantastiques s'évaporèrent dans les airs, et leur esprit rentra dans les demeures sombres : les feux qui formaient la voûte du champ de bataille parurent un brouillard léger qui tomba en rosée, et Richard se trouva seul avec le chevalier inconnu.

Il y avait vingt-quatre heures que le charme durait, et que Richard combattait ; il était une heure après minuit. Lorsqu'il eut détruit l'enchantement, il s'adressa au jeune chevalier. « Puisqu'il n'y a plus de combattants, lui dit-il, il est temps que je me retire, à moins que je ne puisse vous servir encore : en attendant, dites-moi si tout ce que m'a dit ce fantôme au grand nez, est vrai ou faux ? Je vois bien qu'il y avait de l'enchantement ; mais serait-il possible que je me fusse battu tout un jour contre le diable ? Est-il vrai que vous le soyez vous-même ? » Le faux chevalier lui avoua qu'il avait promis à la fée Minucieuse de la venger : il lui raconta l'histoire de l'antipathie qui régnait entre elle et la famille de Richard depuis le mariage du duc Hubert, les efforts inutiles de différents génies contre Hubert et son épouse, contre Robert, et enfin les moyens qu'il avait imaginés lui-même, pour faire perdre à Richard sa réputation de chevalier sans peur.

« Vous me faites une injure cruelle, lui dit-il, en me confondant avec les démons que vous avez combattus. Ces esprits subalternes sont soumis à nos ordres, un pouvoir suprême les oblige à nous obéir malgré eux-mêmes ; je les ai évoqués, et c'est moi qui leur ai prescrit tout ce que vous venez de voir ; sans votre talisman, j'aurais poussé les choses plus loin. » Tout ce que disait le génie était nouveau pour Richard ; il lui expliqua l'origine des génies, des fées, des sylphes, des esprits aériens, des salamandres, des ondins et des gnomes. Les génies ont un art d'enseigner et d'instruire avec une si grande facilité, qu'un mot leur suffit pour mettre un homme au fait du système le plus compliqué. Richard, après un quart d'heure d'instruction, en savait autant que Brudner lui-même, et c'est, dit-on, d'un descendant du duc, que le comte de Gabalis avait appris les secrets qu'il eut l'imprudence de communiquer à un certain abbé babillard, qui en fit part au public : on a depuis porté l'indiscrétion jusqu'à les mettre sur les trois théâtres de Paris.

« Quelques promesses, dit le génie au duc, que j'aie faites à la fée Minucieuse de la venger, je vois bien qu'il m'est impossible de réussir ; je ne sais quel est le génie qui vous protège, il est supérieur à moi ; au surplus, quand il ne le serait pas, votre valeur et votre caractère m'attachent à vous pour toujours : je sais que j'ai tout à craindre de la fée Minucieuse, mais il en arrivera ce qu'elle voudra ; comptez sur moi dans toutes les occasions où je pourrai vous être utile. » A ces mots, le génie et le cheval disparurent. Richard, se trouvant seul, réfléchit sur tout ce qui venait de se passer, et conjectura que la plupart des événements, dont les philosophes se donnaient tant de peines inutiles pour découvrir les causes, n'en avaient d'autres que les enchanteurs et les génies. Il se retira dans son palais où son épouse l'attendait avec impatience : il lui raconta son combat, elle frémissait à chaque mot, et ne comprenait pas comment son mari n'en faisait que rire.

La Tour de François Iᵉʳ au Havre (détruite en 1861)

LA TOUR DE FRANÇOIS IER
RECUEILLE LE DERNIER SOUFFLE
D'AIGNAN LECOMTE

Jusqu'au milieu du XIXe siècle, dans la ville toute jeune, toute blanche et toute coquette du Havre, on saluait, à l'entrée du port, *la tour de François Ier*, qui se tenait là comme pour faire souvenir des temps passés, dans une ville qui ne s'occupait que du présent et qui rêvait peu de chevalerie, comme vous le pensez bien. Cette tour, qui avait sa base dans les flots et dont les murailles étaient fortes et épaisses, avait été prise par un seul homme et défendue par lui seul contre toute la garnison ; cet homme était Français et s'appelait Aignan Lecomte. Ecoutez son histoire.

C'était pendant la guerre des trois Henri, Henri de Guise, Henri de Navarre et Henri III, époque aventureuse si jamais il en fut. Un jeune homme des environs de Caen s'ennuya de son repos, et, quoique sa fortune et sa position dans le monde le missent à même de rester chez son vieux père, sans être, comme tant d'autres, obligé de guerroyer pour vivre, Aignan Lecomte s'engagea... Mais, devenu simple soldat, il avait gardé plus d'un sentiment de son éducation première ; au dedans de lui il avait conservé plus d'orgueil qu'il n'en aurait fallu à sa situation nouvelle... Et puis, dans la vie de garnison, il trouvait trop de longs loisirs.

Quand le corps auquel il appartenait vint au Havre, ses journées lui passèrent plus vite ; aller voir la mer, aller s'asseoir sur ses rivages, regarder les vagues venant se briser une à une à ses pieds, lui furent des plaisirs. La mère et la sœur d'Aignan, d'après tout ce qu'il leur avait écrit du Havre, étaient venues s'établir dans la ville de François Ier ; toutes deux avaient pris une maison sur les côtes de la Hève, et quand l'exercice, la parade et la revue étaient finis, Aignan s'empressait d'aller chercher sa sœur pour faire avec elle ses promenades de mer. Mathilde Lecomte avait, comme son frère, une sorte de passion pour la mer. Sa jeune imagination s'exaltait devant l'immensité des flots, c'était avec délices qu'elle s'abandonnait dans un léger esquif au balancement des vagues ; ainsi bercée ou poussée par la brise, elle composait, elle chantait des barcarolles ; et quand Aignan était à ses côtés, tenant la rame et l'aviron, il ne lui manquait rien, car, après Dieu et sa mère, ce qu'elle aimait le plus, c'était son frère, né le même jour qu'elle.

La jeune fille avait une grande exaltation dans l'esprit ; une fois sa mère avait voulu qu'Aignan entrât comme clerc dans l'étude d'un tabellion, et elle avait apporté à son frère l'épée de leur père, et lui avait dit : « Ne sois jamais que soldat, si tu veux que je t'aime toujours. » Aussi, quand il eut pris la cuirasse et le casque, elle s'attacha encore davantage à lui, et, pour les grandes revues, elle prenait plaisir à lui faire de beaux nœuds d'épaules et à arranger son panache blanc sur son casque.

Un jour, elle passait avec sa mère sur une place de la ville, elle y vit une grande foule rassemblée ; alors les armées n'étaient pas ce qu'elles sont aujourd'hui, et la discipline devait être beaucoup plus sévère, car des aventuriers turbulents composaient plus d'un corps. Cette foule, que Mathilde venait de voir sur la place, était venue là pour voir donner la bastonnade à un soldat, camarade d'Aignan ; et Aignan avait été obligé d'assister, l'arme au bras, à cette exécution militaire ; il en souffrait, il en rougissait, quand ses yeux, se détournant du malheureux condamné, rencontrèrent ceux de Mathilde... Oh ! alors, il devint rouge et tremblant, et fut torturé presque à l'égal de son infortuné compagnon.

« Il y a honte à recevoir des coups de bâton ; il y a honte à les voir donner, sans se révolter contre cette barbarie !... » C'était Mathilde, qui, parvenue jusque auprès de son frère, lui avait adressé ces mots et avait disparu. Dès le soir, Aignan se hâta de courir à la demeure de Matliilde, il avait besoin de lui jurer qu'il mourrait plutôt que de se soumettre à la dégradante humiliation qu'elle avait vu le matin même exercer contre un de ses compagnons d'armes. Il y a une grande puissance dans les paroles, dans les assurances de la personne que l'on aime ; aussi la jeune fille finit par croire Aignan, et par lui pardonner d'avoir assisté, sans se révolter, à l'exécution du matin.

Pour avoir des ennemis, il ne faut pas toujours être méchant. Ainsi Aignan, dont le caractère était si inoffensif, le cœur bon et l'humeur enjouée, avait été pris en antipathie par un sous-officier du corps, nommé le Tournois. Une après-dînée ce sous-officier dit au frère de Mathilde : « J'ai vu ta sœur, elle t'attend ce soir pour faire une promenade en mer, tu vois que je suis bon camarade. — Merci ! merci ! » répondit l'heureux soldat, et, rapide comme la jeunesse et l'amour du plaisir, le voilà sur le chemin de la Hève. Comme il arrivait chez sa mère, la servante lui dit : « Mes maîtresses sont sorties, elles vont rentrer tout à l'heure, attendez-les... » Il attend, le temps marche, marche, et Mathilde ne revient pas. Il est près de six heures, c'est à sept heures précises qu'il doit être de faction à la tour ; Mathilde tarde encore,... il va partir... Comme il allait franchir le seuil, il les aperçoit toutes deux...

— Oh ! que vous venez tard !
— La soirée est superbe, il va faire frais sur l'eau.
— Je n'ai plus que trois quarts d'heure, c'est trop peu de temps.
— Ainsi, tu ne veux pas profiter de cette petite nef qu'on m'a prêtée pour ce soir...
— Mathilde, écoute, voilà le quart après six heures qui sonne.
— Ah ! mon frère, tu as peur que je te gronde, tu ne veux pas venir avec moi.

— Tu sais bien, Mathilde, que c'est ma plus grande joie.

— Eh bien ! vois comme la mer est belle ; j'ai fait une barcarolle, je te la chanterai au large.

— Au large ! pas pour ce soir, il faut retourner au quartier.

— Je te reconduirai en canot.

— Partons donc tout de suite.

Les voilà tous deux dans la petite barque, leur mère reste sur le rivage et leur recommande de ne pas perdre de temps pour regagner la tour, où son fils doit être de faction. Aignan a saisi les rames, Mathilde chante, et son frère l'écoute et la regarde... ; cependant, malgré le plaisir qu'il ressent à être ainsi auprès d'elle, par une belle soirée et sur une mer tout éclatante des derniers rayons du soleil couchant, il a le cœur serré, il pense qu'il arrivera trop tard à la tour.

— Ciel ! voilà la demie.

— Ami, redouble de force, tu rames mal ; donne-moi, je vais t'aider. Notre voisin, le vieux marin, m'a enseigné à tenir l'aviron. Donne-moi une de tes rames.

— Tes mains délicates souffriront ; regarde les miennes, elles sont déjà tout enflées.

— Mains de soldat, mains inaccoutumées à l'aviron ; moi, je te le répète à présent, je suis habile... ; le capitaine a fait de moi une espèce de matelot.

— Oh ! je sais que tu es ardente et intrépide en mer ; aussi j'aime à te voir aider le pauvre et vieux pêcheur de la Hève.... Ciel ! voilà les trois quarts.

— Oui, j'ai entendu l'horloge.

— Nous n'arriverons jamais dans un quart d'heure.

— Courage, courage, ami, redoublons de force.

— Regarde mon front, il ruisselle de sueur ; j'ai beau faire, le canot n'avance pas... tu le vois, ma sœur, chacun de ces coups de rame est bien donné, et cependant nous avons l'air d'être à l'ancre.

— Je n'y conçois rien. Il y a comme un mauvais sort jeté sur la barque.

— Mathilde, tu connais le châtiment... si j'arrive une seconde après sept heures...

— Oh ! oui, l'affreuse, l'ignominieuse bastonnade... Aignan, mon frère... rame, rame donc.

— Malédiction ! la nef semble clouée aux flots ; vois, elle ne marche pas.

Parlant ainsi, le malheureux Aignan se penche au dehors, cherche avec la main sous les flancs du petit canot... O désespoir ! ô trahison ! c'était le Tournois qui avait procuré cette barque à Mathilde, et le traître avait cloué une planche à la quille du canot, pour se venger d'avoir été dédaigné d'elle... Aignan ne perd pas une seconde, se jette à la mer, arrache la planche, rentre dans le bateau et se ressaisit des rames.

— Ecoute ! crie Mathilde.

— C'est l'avant-quart. Entends-tu le roulement du tambour qui précède l'heure ?

— Non.

— O ciel ! écoute.

— Rien.

— Oui, oui, j'entends.

— Rien, mon ami, rien.

37

— J'ai donc le délire ?
— Nous voici à la jetée.
— Mathilde, me vois-tu déshonoré ?
— Tais-toi... ; rame.
— Battu comme mon pauvre camarade !
— Aignan ! Aignan ! encore quelques coups d'aviron, nous voici arrivés. »

Mathilde disait vrai, la barque a touché les pierres du quai, Aignan s'est élancé... En deux bonds il va être à son poste... Mais la cloche a sonné... sonné sa punition, sa honte, sa mort, car il ne se soumettra pas à l'odieux châtiment... Il ne franchira le seuil de la tour qu'après l'heure fixée... Mathilde lui adresse quelques mots, lui fait signe de revenir, il ne voit rien, il n'entend rien... Oh ! oui, il entend toujours la fatale cloche dont chaque tintement lui répète : *Déshonneur ! déshonneur !* « Tu es mon prisonnier ! lui dit le Tournois avec un infernal sourire, rends-moi ton sabre. — Mon sabre ! traître... il te passera à travers le corps » ; et comme il le disait, il l'aurait fait, si d'autres soldats ne s'étaient jetés entre lui et le sous-officier.

Ceci se passait devant la tour de François Ier. Les hommes qui s'y trouvaient descendent sur la petite place qui y touche, pour séparer Aignan Lecomte et le Tournois. Aignan, acculé à la porte, ne voulant pas se rendre, car la dégradante punition était toujours présente à sa pensée, franchit subitement le seuil de l'entrée de la tour, et pousse l'énorme et épais battant de chêne doublé de fer entre lui et les hommes qui voulaient le désarmer... Le Tournois et ceux qu'il commande font de vains efforts pour rouvrir la porte du fort, les gros verrous ont été poussés par Lecomte, et le voilà seul dans la tour de François Ier. « Rendez-vous ! rendez-vous ! lui crie-t-on du dehors. — Jamais ! jamais ! vous ne m'aurez que mort. » Le Tournois écume de rage. Mathilde remercie Dieu : elle ne sait pas ce qui adviendra à son frère ; elle ne sait qu'une chose : il est sauvé du déshonneur.

La foule est devenue grande devant la tour, et déjà des paris se font : le soldat se rendra-t-il, ou ne se rendra-t-il pas ? On a envoyé dire au gouverneur du Havre que la tour de François Ier vient d'être prise... prise par un seul homme ! Le gouverneur arrive, la générale bat, les troupes se rassemblent, de nouvelles sommations sont faites, toutes sont vaines. La garnison... c'est-à-dire Aignan Lecomte, tient toujours. Enfin des coups de fusil sont tirés de part et d'autre ; Aignan a trouvé des armes toutes chargées au corps de garde, quelques-uns des assiégeants sont blessés.

« Des échelles ! des échelles ! à l'assaut ! à l'assaut ! » Et les échelles sont appliquées contre les flancs bosselés de la tour. Mais Aignan se multiplie et va de l'une à l'autre, les pousse, les renverse et fait pleuvoir des pierres sur les hommes du dehors... Quelques-uns ont voulu pénétrer par une étroite ouverture, la hallebarde *de l'assiégé* les a reçus.

On se battait encore quand la nuit vint, et le peuple faisait des vœux pour qu'Aignan ne fût pas vaincu. Il y avait dans son audace quelque chose qui s'était emparé des sympathies de la multitude. Le lendemain, lorsque la petite lueur du jour parut, Aignan monta sur la plate-forme de la tour et regarda du côté de la mer. Quand le brouillard du matin commença à se dissiper, il vit une barque et une femme, il leva le bras de ce côté, agita son mouchoir. Mathilde... (c'était elle) répondit à ce signe ; il avait voulu lui dire : *Tu le vois, j'aime mieux la mort que le déshonneur.* Elle avait voulu lui répondre : *Ami, je t'approuve et t'admire.*

Puis le brouillard redevint épais, et Aignan ne vit plus rien... « Ce n'était point une vision, dit-il, c'était bien elle... Elle m'approuve, je ne me rendrai pas... Je mourrai... Elle me pleurera, elle me regrettera ; car j'aurai tenu le serment que je lui avais fait de mourir plutôt que de me soumettre aux coups flétrissants du bâton... » Quand Mathilde avait apparu dans la nef éclairée par le premier rayon du soleil, ç'avait été une grande joie pour le vaillant soldat... ç'avait été sa dernière... Le Tournois avait vu Aignan paraître sur la plate-forme et se rapprocher souvent du parapet du côté de la mer. Plus d'une fois le malheureux soldat s'était penché par-dessus les créneaux pour tâcher d'apercevoir encore sa sœur bien-aimée. Et le rancuneux le Tournois s'était dit : Il reviendra regarder encore. Alors il était descendu dans un des bateaux au-dessous de la tour, et là il guettait le moment favorable...

Aignan revint en effet au parapet, agita encore son mouchoir... ; à cet instant, le Tournois ajusta son arme, le coup partit, et le brave Lecomte tomba frappé d'une balle à la tête ! Ainsi périt Aignan, mais il ne se rendit pas, et mourant sur la tour du roi chevalier, à son dernier souffle, lui aussi put dire : *Ai tout perdu fors l'honneur.*

Le lendemain , le corps d'Aignan Lecomte fut porté au cimetière, une grande foule de peuple suivit son cercueil. Un de ses camarades, en l'ensevelissant, avait trouvé sur sa poitrine un scapulaire... La mère de Mathilde le sut et vint pour l'acheter au soldat. « J'aurais honte de le vendre, répondit à la mère le camarade du mort, mais je suis heureux de vous l'offrir... vous le remettrez, au nom du pauvre Aignan, à sa chère Mathilde. » Ce don fut apporté à la sœur désolée, elle le baisa, le suspendit à son cou, et puis elle passa l'eau, alla à Notre-Dame de Grâce, et là fit un vœu.

Puis, bien triste, elle revint auprès de sa mère, tâcher de vivre à Ingouville... Elle resta ainsi pleurant et souffrant l'espace de deux années, et, sa mère étant morte, elle tint le vœu qu'elle avait fait dans la chapelle de Grâce, et se rendit à Caen, où elle était née le même jour qu'Aignan, entra chez les sœurs hospitalières, et s'y consacra à Dieu et aux soldats blessés pour le reste de ses jours.

Habit d'astrologue (XVIIᵉ siècle)

DIANE DE BOISBRIAND
ET LA CHAMBRE DE L'ASTROLOGUE

Au printemps de 1675, alors qu'allait s'ouvrir cette campagne d'Alsace qui coûta la vie au maréchal de Turenne, on ne voyait à Saint-Germain et à Paris que départs et préparatifs de guerre, et les adieux des gentilshommes qui partaient attristaient la ville et la cour.

Dans le jardin d'un bel hôtel du quartier neuf à Saint-Germain, la comtesse Marguerite se promenait appuyée au bras du comte Henri de Boisbriand-Lussault, colonel du régiment de royale cavalerie. Ils étaient sérieux tous les deux, et les yeux de la jeune dame témoignaient qu'elle avait pleuré.

— Êtes-vous bien décidée à ce sacrifice ? lui demanda son mari après un moment de silence.

— Ce n'est point un sacrifice auquel je me résigne, dit-elle, c'est une grâce que je vous demande. Je serai bien moins à plaindre en votre absence si vous me permettez d'aller à Lussault. Là, entourée de nos enfants et de votre sœur, je retrouverai mes anciennes occupations de châtelaine campagnarde, et je vous assure qu'il me sera plus agréable de prier pour vous avec nos bons paysans de Touraine que de me parer et d'aller, l'inquiétude et la mort dans l'âme, assister à la comédie et au jeu de la reine.

— Le roi sera contrarié de votre absence, Madame ; vous savez qu'il n'aime pas que l'on quitte la cour, surtout quand le départ d'une partie de la noblesse la rend moins brillante.

— Si mon départ déplaît au roi, dit la comtesse, je suis assurée que la reine m'approuvera, et fera au besoin ma paix avec Sa Majesté.

— Ma mère ne quittait jamais la cour, dit le comte.

— Mme de Boisbriand, étant dame d'honneur de la reine, ne le pouvait pas, Monsieur ; mais moi, grâce à Dieu je suis libre.

— Diane s'ennuiera, dit le comte, et ne pourra se consoler d'avoir quitté la cour.

— Henri, dit Mme de Boisbriand, pardonnez-moi si je vous dis toute ma pensée ; je ne voudrais pas prononcer un mot qui pût vous offenser, mais je suis responsable de Diane depuis la mort de sa mère : sa beauté, son amour des plaisirs, l'attention qu'elle attire, les succès qu'elle obtient, la faveur du roi, en un mot, m'effrayent. Je vous prie de ne pas interpréter mes paroles comme un blâme pour elle. Je l'aime autant que si elle était ma fille ; mais, si j'étais la mère de Mlle de Boisbriand, j'aurais déjà quitté la cour pour l'amour d'elle.

La voix de Marguerite tremblait en parlant ainsi, et une vive rougeur colorait son beau visage. Le comte l'avait écoutée en silence. Il réfléchit un instant : « Je vous comprends, vous avez raison et je vous remercie. » Il baisa avec une respectueuse tendresse la main de sa femme, et le soir même la comtesse commença ses préparatifs de départ afin de quitter Versailles quelques heures après son mari.

Diane de Boisbriand était née au château de Saint-Germain, et sa beauté, son esprit et sa gentillesse l'avaient rendue dès l'enfance le jouet favori de la reine et des princesses. Vive et pleine d'agréments, elle faisait le charme de compagnies les plus élégantes, et, sauf deux années passées à la Visitation, tout son temps s'était écoulé dans les fêtes. On l'avait surnommée la petite Fée, et rien ne résistait à ses grâces fantasques. Sa mère ne lui avait jamais rien refusé et son frère, le comte Henri, plus âgé qu'elle de vingt ans, avait pour sa jolie sœur toutes les faiblesses d'un père. Diane ne craignait au monde que sa belle-sœur, la comtesse Marguerite, parfaitement bonne pour elle, mais qui réprimait quelquefois ses étourderies, et, depuis la mort de la comtesse douairière, prenait tous les jours plus d'empire sur le cœur de son mari et le gouvernement intérieur de la famille.

Les projets de départ de la comtesse furent annoncés à Diane, et la consternèrent. Elle courut trouver son frère, et le pria, le supplia de la laisser à Saint-Germain, chez quelqu'une des amies de sa mère. Pour la première fois de sa vie, elle essuya un refus. Elle pleura et s'écria : « Vous voulez donc m'enterrer toute vive dans votre affreux château de Lussault ? » Mais le comte Henri fut inflexible et lui assura, du reste, que Lussault était un charmant séjour, et qu'une saison passée au bord de la Loire dans le plus joli pays du monde, avec toutes les aises de la vie et en compagnie de sa belle-sœur et de ses neveux, ne pouvait être considérée comme un enterrement.

Le comte fit ses adieux, et Diane, qui aimait beaucoup son frère, pleura, gémit, et jeta les hauts cris, si bien que sa belle-sœur ne put s'empêcher de lui dire : « Vous oubliez, ma sœur, que vous êtes une Boisbriand, et que la devise de votre maison est : *Patior, taceo* (je souffre, je me tais). » La comtesse dit adieu à son mari sans verser une seule larme, et le pria de bénir ses enfants. « Allez, Monsieur, lui dit-elle, oubliez femme et enfants, et ne songez qu'à bien servir le roi. » Mais, dès qu'il fut parti, elle tomba évanouie, et fut pendant plusieurs heures entre la vie et la mort. A peine remise, elle voulut partir, et quelques jours après ses carrosses étaient embarqués sur la Loire, à Orléans, et les dames de Lussault et leur suite naviguaient lentement vers Amboise.

La beauté des rives de la Loire et l'innocent babil de ses petits neveux distrayaient Diane. Elle avait d'ailleurs été profondément touchée de l'état où elle avait vu sa belle-sœur, et lui témoignait beaucoup d'amitié. La comtesse Marguerite, de son côté, était pour elle d'une bonté et d'une grâce charmantes. La première couchée se fit à Beaugency, la seconde à Blois, et, dans l'après-dîner du troisième jour de leur navigation, les voyageuses arrivèrent en vue des tours royales d'Amboise, que doraient les rayons d'un beau soleil. L'intendant de Lussault attendait sur le port, et, tandis qu'il veillait au débarquement et conduisait la comtesse et ses enfants à l'hôtellerie du Lion d'Or, Diane voulut absolument se faire conduire au château. Elle eut le temps avant la nuit de visiter la chapelle Saint-Hubert et les principaux appartements, et d'admirer la vue des campagnes et du fleuve au soleil couchant. « Vraiment, se dit-elle, les rois d'autrefois choisissaient bien leurs résidences, et Amboise devait être un plus agréable séjour que Saint-Germain et Versailles. »

Le lendemain matin on attela de bonne heure, et la route d'Amboise à Lussault était si jolie, que Diane commençait à se réconcilier avec son sort ; mais, lorsqu'elle aperçut les sombres tourelles du château de Lussault, les créneaux, les mâchicoulis, le pont-levis, et les corbeaux voltigeant autour du donjon noirci par cinq cents hivers, la jeune demoiselle se sentit frissonner. « Hélas ! dit-elle, habiterons-nous cette prison ? — Vous verrez comme elle est belle en dedans, dit Marguerite. J'y ai passé avec votre frère des jours bien heureux, et je vous assure que, s'il était là, Lussault me paraîtrait plus beau que Saint-Germain. »

Tous les paysans du domaine étaient réunis devant le château, et saluèrent leurs dames avec allégresse. Les jeunes filles et les enfants leur offrirent des couronnes et des bouquets de violettes, et des corbeilles de pommes ridées et de pruneaux de Tours, seuls fruits et seules fleurs que la saison présentât. La comtesse Marguerite n'entra pas au château avant d'avoir parlé à tous ces braves gens, et Diane, encouragée par son exemple, se montra fort gracieuse avec les jeunes filles. Puis les châtelaines entrèrent dans le vieux manoir, qui était tenu en bon ordre par d'anciens serviteurs, mais dont le mobilier, datant du temps de Louis XI, surprit étrangement la belle Diane par son austère simplicité.

On lui avait préparé une chambre voisine de celle de la comtesse ; mais, désirant être libre, elle la refusa sous le premier prétexte venu, et en choisit une à l'étage supérieur. On l'appelait la chambre violette, ou la chambre de l'évêque, parce qu'un grand-oncle du comte actuel de Boisbriand, évêque de Tours sous Henri IV, y avait habité. La tenture de camaïeu violet et les boiseries de chêne rendaient cet appartement assez sombre ; mais la grande cheminée sculptée en marbre blanc qui la décorait, et surtout le large balcon de pierre d'où l'on dominait toute la vallée plurent à Mlle de Boisbriand, et elle donna ordre à ses femmes de porter tous ses bagages dans la chambre violette. Après le dîner, on se promena dans le parc et l'on soupa de très bonne heure. Toute la compagnie était fatiguée du voyage, et la comtesse Marguerite donna le signal du coucher.

— Y pensez-vous, ma sœur ! s'écria Diane. Il est huit heures à peine. Sommes-nous devenues des poules ?

— Veillez si vous voulez, ma belle petite sœur, dit Marguerite ; mais nos domestiques sont las, vos neveux tombent de sommeil, et, pour moi, je n'en puis plus. Avec votre permission, je vais me coucher en même temps que mes enfants. Si vous voulez lire, voici les clefs de la bibliothèque, qui est voisine de votre chambre. Je vous souhaite le bonsoir.

— Mme la comtesse a bien raison, dit la femme de chambre favorite de Diane, et vraiment Mademoiselle devrait bien faire comme elle. Voilà huit jours que nous n'avons couché dans un bon lit, et, quant à moi, je soupire après le mien.

— Eh bien ! dit Diane, arrangez mes cheveux et allez vous coucher, Nicole. Je me déshabillerai bien toute seule pour une fois ; mais je n'ai point envie de dormir, et je veillerai, quoi qu'on fasse.

Nicole ne se le fit pas dire deux fois. Elle accommoda les cheveux de sa maîtresse, apprêta le lit, attisa le feu, et se retira dans la garde-robe, où elle devait coucher. Diane prit une bougie et passa dans là bibliothèque pour choisir un livre. Elle y vit un arbre généalogique sur parchemin, orné de force écussons peints et dorés, et quelques vingtaines de livres sur des rayons poudreux. Elle monta sur une chaise et lut des titres, la plupart latins, et annonçant des ouvrages d'histoire, de théologie et de jurisprudence. Pas un roman, pas un conte, hélas ! C'était une bibliothèque tout à fait épiscopale. La belle Diane soupira, et, regardant autour d'elle, s'aperçut que cette pièce peu spacieuse avait une autre porte que celle par laquelle elle était entrée. Elle l'ouvrit et vit un escalier tournant, très étroit, qui montait dans une tour ronde. Elle hésitait à s'y hasarder, lorsqu'une chauve-souris, effrayée par sa lumière, faillit l'éteindre d'un coup d'aile. Cet incident désagréable termina le voyage de découvertes pour ce soir-là. Diane retourna dans la chambre violette, se coucha et s'endormit profondément.

Le lendemain matin, à peine habillée, elle voulut aller dans la tour ; mais la comtesse la fit prévenir qu'il était l'heure de la messe. Après la messe il fallut déjeuner en famille, et il était plus de dix heures quand Diane put s'échapper pour aller satisfaire sa curiosité. L'escalier de la tour la conduisit d'abord devant une porte fermée, puis sur la plate-forme, d'où elle put voir un magnifique paysage ; mais elle ne le regarda point, et la porte fermée seule l'occupait. Elle envoya Nicole chercher le vieil intendant, et lui demanda où conduisait cette porte.

— C'est celle de la chambre de l'astrologue, Mademoiselle, dit le brave homme. Elle est appelée ainsi parce qu'un fameux astrologue nommé Albumazar, de Cordoue, l'a habitée du temps de la reine Catherine de Médicis. Il avait d'abord été à son service, mais il fut disgracié, et, chassé par elle du château de Blois, il vint demander asile au comte de Boisbriand, votre trisaïeul, Mademoiselle. Il passa plusieurs années au château de Lussault, et enseigna, dit-on, à M. de Boisbriand plus de secrets magiques qu'il ne convenait à un chrétien d'en connaître. Les bonnes gens assurent que l'astrologue fut emporté, en chair et en os, par le diable, à cause d'un certain pacte qu'il avait fait avec lui. Ce qui est certain, c'est qu'Albumazar disparut une nuit sans que personne ait pu savoir ce qu'il était devenu, et que monsieur votre trisaïeul fut blâmé d'avoir donné asile à un suppôt de Belzébuth. Cela ne lui porta pas bonheur ; il mourut jeune et de mort violente.

— Je voudrais entrer dans la chambre de l'astrologue, dit Diane.

— Je ne vous le conseillerais pas, Mademoiselle, dit l'intendant, et cela quand même la porte serait grande ouverte. Mais elle est condamnée depuis bien longtemps. C'est monsieur le comte qui en a la clef, et il ne l'a jamais confiée à personne. Pour moi, qui suis ici depuis cinquante ans, je ne suis jamais entré dans cette chambre. Mademoiselle a-t-elle quelques autres ordres à me donner ?

— Aucun, dit Diane d'un air boudeur. C'est fort contrariant, il pleut, je ne puis sortir, et le seul endroit de ce vilain château où je voudrais entrer est fermé à clef !

— Si Mademoiselle voulait visiter la salle d'armes, dit l'intendant, elle y verrait des choses bien curieuses.

— Je ne me soucie point de ces vieilles ferrailles, dit Diane. Vous pouvez vous retirer.

Marguerite vint elle-même lui proposer de commencer une belle tapisserie. Elle y consentit d'un air ennuyé. Puis le temps redevint beau ; on descendit au jardin ; un courrier arriva, apportant de bonnes nouvelles du comte ; plusieurs châtelaines des environs vinrent faire visite aux dames de Lussault. Mais rien ne pouvait distraire Diane de son idée fixe. Elle ne pensait qu'à trouver le moyen d'entrer dans la chambre de l'astrologue. Elle retourna le soir, le lendemain, tous les jours, regarder cette porte fermée, et, tantôt la secouant, tantôt appliquant un œil au trou de la serrure, elle cherchait à deviner ce que pouvait contenir le réduit mystérieux.

La serrure ouvragée était ornée de salamandres finement ciselées, la porte était en chêne, garnie de pentures solides, et par le trou de la serrure on apercevait une grande cornue en verre de Venise posée sur un trépied. Impossible d'en savoir davantage ; et les jours, les semaines et les mois s'écoulèrent sans rien changer à la situation.

Or, un jour que Diane, impatientée de ne rien trouver d'amusant à lire dans la bibliothèque, s'était décidée à monter à l'échelle et à inventorier le rayon supérieur, qui contenait quelques manuscrits à miniatures, elle fit, en déplaçant l'un d'eux, tomber un objet de métal, et descendit de l'échelle pour le ramasser. C'était une assez grosse clef, dont l'anneau était orné d'une salamandre. A cette vue, Diane bondit de joie, et, s'élançant dans l'escalier, courut essayer la clef à la serrure aux salamandres. Elle l'ouvrait ! En entendant grincer le pêne rouillé, la jeune fille hésita un instant. Je ferais mieux, se dit-elle, d'aller demander la permission à ma sœur, mais elle me la refuserait. Elle est si sage, si soumise à tout ce que veut mon frère ! Bah ! après tout, l'astrologue n'y est pas, puisque le diable l'a emporté ! Et la digne fille d'Ève entra dans la chambre mystérieuse.

C'était une pièce presque ronde, voûtée, éclairée par une seule fenêtre ogivale, et meublée très simplement. Un lit à baldaquin, dont les tapisseries rongées des vers tombaient en lambeaux, un fourneau de chimie, une cheminée à hotte saillante, un bahut, un grand fauteuil, deux tables surchargées de creusets et de cornues, encombraient cette pièce. Du reste, ni tête de mort, ni chouette empaillée, rien d'effrayant, mais force toiles d'araignées et beaucoup de poussière. Diane s'attendait à mieux. Elle ouvrit le bahut : il ne contenait que de vieux vêtements que les mites avaient réduits à l'état de charpie.

Mais sur une des tables, devant le grand fauteuil, et près d'une antique lampe de fer à trois becs, un assez gros manuscrit, relié en cuir noir, et dont les fermoirs étaient ornés de signes cabalistiques, attira l'attention de Diane. Il était ouvert, comme si l'hôte qui habitait jadis cette chambre eût été obligé de suspendre son travail à l'improviste, et, en effet, la ligne restée inachevée, la plume tombée à terre, et l'écritoire renversée qui avait taché quelques-unes des pages du manuscrit, témoignaient que la veillée de l'astrologue avait été violemment interrompue.

Diane, ne se souciant pas d'être surprise en flagrant délit de curiosité, s'empara du manuscrit, referma la porte, et cacha soigneusement le livre et la clef dans la chambre violette. Le soir même, dès qu'elle fut seule, elle se mit à lire le manuscrit. Il était écrit en français, assez lisible, et lorsque minuit sonna Diane était encore occupée à déchiffrer les pages jaunies de ce traité de nécromancie.

Le lendemain, un courrier apporta des nouvelles inquiétantes : la campagne traînait en longueur, le général Montecuculli harcelait les troupes françaises en évitant de livrer bataille, et, bientôt après, la mort de Turenne vint jeter le découragement dans l'armée. Puis les courriers n'arrivaient plus, et l'inquiétude des châtelaines devint telle, que la comtesse Marguerite elle-même regretta d'avoir quitté Saint-Germain, où du moins elle aurait eu de fréquentes nouvelles de la guerre. Elle avait appris la mort de plusieurs gentilshommes amis ou alliés de sa famille, et tremblait qu'on ne vînt lui annoncer celle de son mari. Diane partageait toutes les angoisses de sa belle-sœur, et de plus n'avait pas comme elle pour les surmonter la ressource de la prière et de la confiance en Dieu. Diane n'était chrétienne que de nom, et enviait souvent la patience et la résignation de Marguerite.

« Oh ! disait-elle, quel supplice de ne pas connaître l'avenir ! Cette incertitude nous tue. — Hélas ! petite sœur, disait Marguerite, c'est au contraire, une grande bonté de Dieu de nous l'avoir caché. L'espérance dédommage de l'incertitude, et c'est bien assez de souffrir quand l'heure du sacrifice est venue, sans la connaître d'avance. » La comtesse passait des journées et des nuits entières à la chapelle, et ses petits-enfants seuls pouvaient la faire sourire. Quant à Diane, inquiète, agitée, elle montait vingt fois le jour au balcon pour regarder si quelque messager n'apparaissait pas sur la route, ou, faisant seller son cheval et celui de l'intendant, elle galopait jusqu'à Amboise , et revenait sans avoir rien appris.

Un soir, c'était à la fin d'août, alors que les nuits deviennent longues et que de nombreuses étoiles filantes parcourent le ciel, Diane, lasse de les regarder, quitta le balcon, et, s'asseyant, ouvrit au hasard le livre de l'astrologue. La page qui lui tomba sous les yeux lui avait toujours paru incompréhensible ; mais tout d'un coup, par une intuition subite, elle en pénétra le sens. « Si ce livre dit vrai, s'écria-t-elle, il y a ici même, dans la chambre violette, un lutin, un esprit qui m'entend. Hôte invisible du château de mes pères, toi dont j'ose prononcer le nom pour la première fois, *Orson !* si tu es là, frappe trois coups ! »

Elle écouta, et trois coups secs frappés sur la boiserie lui répondirent. Diane était une fille des croisés, et ne s'effrayait pas facilement. Elle sentit cependant son visage devenir froid ; mais elle se raidit, et dit d'une voix ferme : « Si tu peux me donner des nouvelles de mon frère, frappe un coup, sinon frappes-en trois. » Trois coups furent frappés. « Tu n'es qu'un sot esprit, alors ! s'écria Diane avec colère. Me faudra-t-il donc évoquer les âmes du purgatoire ? Si oui, frappe un coup. » Un coup ferme retentit. « Eh bien ! dit-elle, qu'il en soit ainsi ! Je veux savoir des nouvelles de mon frère, et dussé-je évoquer tout l'autre monde, je le ferai, foi de Boisbriand ! »

Elle feuilleta son livre, plaça sur la table un sablier entre trois bougies allumées, et un peu avant minuit commença, d'une voix lente, à lire une formule d'évocation où elle nomma tous ceux de ses parents défunts dont les noms lui revinrent à la mémoire. Minuit sonna à l'horloge du château, et au moment où les derniers grains de sable tombaient et où la dernière vibration de la cloche se perdait dans l'espace, la tapisserie violette du fond de la chambre se souleva d'elle-même, et une procession de fantômes entra lentement. Ils se rangèrent en silence autour de Diane, et, levant leurs suaires, découvrirent leurs visages pâles. « Fille des Boisbriand, dit l'un d'eux, pourquoi appelles-tu nos pauvres âmes souffrantes ? » Diane voulut les interroger, mais sa voix s'arrêta dans son gosier. Muette d'effroi, elle regardait tous ces visages inconnus.

Tout à coup ses cheveux se dressèrent, et elle jeta un cri d'angoisse : la noble figure de son frère, du comte Henri de Boisbriand, était devant elle, et de ses deux mains il pressait sur sa poitrine un linceul ensanglanté. « Henri ! cria-t-elle. — Priez pour moi, Diane de Boisbriand, dit-il, mon corps repose dans une tombe sanglante et mon âme souffre d'effroyables tourments. » Elle n'en entendit pas davantage, et tomba comme si elle eût été morte.

Nicole accourut, et bientôt tout le château fut en rumeur. Le lendemain et les jours suivants, la comtesse Marguerite veilla près de sa jeune sœur, que dévorait une fièvre ardente. A toutes les questions elle répondait d'un air égaré : « Je souffre, je me tais. O ma sœur, par pitié, ne m'interrogez pas ! » Enfin la fièvre disparut ; mais la jeune malade tomba dans un marasme effrayant. En vain sa sœur et ses neveux l'entouraient de soins et de caresses, en vain, la comtesse lui assurait qu'elle avait de bonnes nouvelles d'Henri, rien ne réjouissait la pauvre Diane. « On me trompe, se disait-elle, je l'ai vu ! il est mort ! » et l'horrible vision était toujours devant ses yeux. Elle repoussait même le prêtre qui essayait de la consoler, et Marguerite, désespérée, croyait que la raison de sa sœur était perdue à jamais.

Un jour, la malade s'était endormie, et Marguerite était près d'elle. Une de ses femmes vint lui dire à voix basse : « Madame, un cavalier vous demande, il arrive de l'armée. » La comtesse, tremblante, courut hors de la chambre ; un homme l'attendait dans la pièce voisine. C'était le comte Henri, qui, dans son impatience, avait devancé ses gens et venait d'arriver à franc étrier. Elle s'élança dans ses bras ; mais à peine lui eut-il dit : « Où est ma sœur ? » qu'elle fondit en larmes et lui raconta l'étrange maladie de Diane. Le comte Henri, fort affligé, lui dit : « La joie de me revoir la guérira, j'espère », et prenant ses deux enfants par la main, il alla s'asseoir près du lit de Diane. Celle-ci ouvrit les yeux. et jeta un cri : « Encore toi ! dit-elle. Ame chérie de mon frère, que veux-tu ? — Je ne suis pas une âme, dit le comte, mais bien vivant. La campagne est finie, et je reviens, grâce à Dieu, sans blessures. Embrassez-moi, chère petite sœur ! » Elle lui jeta ses bras autour du cou et pleura longtemps, sans pouvoir dire un seul mot.

Sa convalescence fut longue, ses rêves de la nuit lui retraçaient la vision ; elle croyait toujours entendre frapper sur la boiserie et voir entrer les fantômes dans la chambre violette. Elle pria sa sœur de la faire transporter dans un autre appartement. Peu à peu ses forces lui revinrent, et elle confessa sa faute au bon curé de

Lussault. Celui-ci se fit remettre par elle le livre magique et la clef de la chambre de l'astrologue, et, les donnant au comte, l'engagea fortement à brûler tout ce que contenait ce lieu maudit, et à ne jamais questionner sa sœur sur la cause de sa maladie.

Dès que Diane put marcher, Henri lui proposa d'aller à la chapelle. Appuyée sur le bras de son frère et sur celui de la comtesse, la jeune et pâle convalescente sortit de sa nouvelle chambre et entra dans la galerie qui conduisait à la tribune seigneuriale. Cette galerie, ornée de panoplies et de portraits de famille, était alors éclairée par un beau soleil. Les yeux de Diane se fixèrent sur un portrait, et elle s'écria : « C'est lui que j'ai vu ! — Vous l'aviez donc déjà remarqué, ma sœur ? dit Marguerite. N'est-ce pas qu'il ressemble étonnamment à mon mari ? » Diane chancelait, son frère la fit asseoir en face du portrait.

— C'est vrai, dit-elle, si ce n'était le costume et le cadre, on le croirait fait d'hier.
— Il a pourtant plus d'un siècle de date, dit le comte, et lorsque Clouet le fit d'après mon trisaïeul, Henri Ier de Boisbriand, il ne prévoyait pas assurément la figure que j'aurais. Vous lui ressemblez aussi, ma sœur ; le type de notre famille s'est conservé d'une façon surprenante.
— Comment est mort notre trisaïeul ? demanda Diane.
— Fort tragiquement, dit le comte, et pour une bien mauvaise cause. Un méchant astrologue, dont il s'était entiché, lui avait prédit et conseillé certaines choses qui le déterminèrent à prendre part au complot calviniste de la Renaudie, et il fut tué à ses côtés dans la forêt de Châteaurenault, en 1560. Sa veuve le vengea en faisant enlever de nuit l'astrologue, qu'elle livra pieds et poings liés à Catherine de Médicis ; cette reine, peu miséricordieuse, comme vous savez, fit pendre le maudit sorcier, qui blasphéma jusqu'au pied de la potence.
— Je veux faire dire des messes pour lui, dit Diane.
— Pour l'astrologue ? s'écria son frère ; ce serait perdre votre latin, ma sœur.
— Non, dit Diane, c'est au comte Henri que je pensais. Je prierai pour lui toute ma vie. O mon frère, il y a plus d'un siècle que son corps repose dans une tombe sanglante, et son âme souffre encore d'effroyables tourments.
— Et qu'en savez-vous ? dit Henri. Pour moi, je pense qu'il est en paradis depuis longtemps. C'était un brave et loyal seigneur, fort aimé de ses vassaux, et on n'est pas perdu pour avoir conspiré une fois et mangé un peu de vache à Colas.
— Mon frère, dit Diane, la justice de Dieu est inflexible, et le ciel bien difficile à gagner.

Elle ne put se relever , et son frère et sa sœur l'emportèrent dans leurs bras. Sa jeunesse finit par triompher de la maladie, et bientôt les médecins déclarèrent que Diane pouvait être ramenée à Saint-Germain. Marguerite vint le lui annoncer, s'attendant à voir éclater sa joie ; mais Diane répondit avec un grand calme : « Puisque j'ai la force d'aller à Saint-Germain, je pourrai bien aller jusqu'à Blois. Veuillez m'y conduire, ma chère sœur ; je désire, avant de rentrer dans le tumulte de la cour, faire une retraite de huit jours à la Visitation. »

La comtesse ne s'étonna pas de ce désir, et accompagna sa jeune sœur au monastère des filles de Sainte-Marie, que gouvernait alors la mère Paule-Hiéronyme de Monthoux. Huit jours après, elle revint avec le comte Henri pour la ramener à Lussault ; mais la belle Diane leur apparut derrière la double grille, couverte du voile blanc des postulantes, et déclara qu'elle ne sortirait plus du monastère. Les larmes de son frère et de Marguerite n'ébranlèrent point la résolution de la jeune fille, et, après avoir mis sa vocation à l'épreuve par toutes les instances que l'affection put leur inspirer, ils retournèrent sans elle à la cour.

L'année suivante, Diane de Boisbriand prit l'habit et devint une sainte religieuse. Elle ne mourut qu'en 1744, âgée de quatre-vingt-cinq ans, et ayant été sept fois supérieure du monastère de Blois.

Elle dit, et tenant en main le gui sacré,
Son front de neige ceint du bandeau consacré,
Rêvant à Teutatès qui protège la Gaule,

Sans ajouter un mot ni dire une parole

Druidesse et Gaulois

CRUEL DESTIN
DES DRUIDESSES DE TOMBELAINE

Dans les temps celtiques, la baie de Saint-Michel ne ressemblait pas à ce qu'elle est aujourd'hui. Un bois épais s'étendait sur une partie des grèves actuelles. Les bouquets d'arbres qui forment un nid de verdure sur l'escarpement du Mont sont un dernier reste de cette forêt. Tout au bout, entre l'océan des chênes, et celui des flots, se dressait la pyramide granitique qui devint plus tard le Mont-Saint-Michel.

Les druides l'avaient consacré au dieu solaire et le nommaient *Tom Bélen*. Après César, les Romains conquérants de la Gaule lui conservèrent cette dénomination et l'appelèrent *Mons Tumba* ou *Tumulus Beleni*. Une caverne s'ouvrait dans les flancs du roc. On s'y trouvait comme dans un temple circulaire soutenu par des monolithes bruts. C'était le *Neimheidh* ou sanctuaire des aïeux, tirant son nom d'un patriarche immémorial, ancêtre des Gaëls et des Kymris. Là, dans le demi-jour de la crypte, reluisaient des faisceaux de javelots, des piles de casques, dépouilles de vaincus, trophées de victoires gauloises, des lingots d'or, des bracelets de guerriers. Dans le fond, on voyait, rangés en demi-cercle, les étendards de diverses tribus celtiques, aux ailes bariolées, veillant comme des génies attentifs sur le trésor.

Un collège de neuf prophétesses appelées *Sènes* habitait ce sanctuaire défendu par la forêt sacrée et le sauvage océan. Sur ce rocher et aux alentours, les druidesses célébraient leurs rites, leurs mystères, leurs sacrifices. Les marins qui affrontaient la mer venaient les consulter dans cette caverne. C'est là quelles rendaient leurs oracles, qu'elles vendaient à prix d'or ces flèches magiques en bois de frêne, à pointe de cuivre, barbelées de plumes de faucon, qui étaient censées détourner les orages, et que les Gaulois lançaient dans la nue quand grondait la foudre. Les Sènes répandaient une terreur mystérieuse. On les appelait des fées, c'est-à-dire des êtres semi-divins, capables de révéler l'avenir, de revêtir diverses formes d'animaux, de circuler invisibles dans les rivières, de voyager avec le vent.

Comme la plupart des religions anciennes, la religion druidique avait deux faces : l'une extérieure, populaire et superstitieuse ; l'autre intérieure, secrète et savante. Le culte des druidesses en représentait la face populaire et passionnelle. La science et la tradition des druides en constituaient la partie profonde et philosophique. Les témoignages des plus grands politiques, historiens, voyageurs, naturalistes et philosophes de l'antiquité sont d'accord sur ce point, et contredisent absolument ceux d'entre les modernes qui ne veulent voir dans les druides que d'habiles sorciers, exploiteurs de la crédulité populaire.

César dit « qu'ils étudiaient les astres et leurs révolutions, l'étendue du monde et des terres, la nature des choses, la force et la puissance des dieux immortels ». Il ajoute que, pour les affaires d'État, ils se servaient de l'alphabet grec ; mais qu'ils considéraient comme un sacrilège de confier leurs préceptes à l'écriture, ce qui implique nécessairement l'idée d'une doctrine secrète. Diodore de Sicile leur attribue la doctrine pythagoricienne. Il les appelle « des hommes qui connaissent la nature divine et sont en quelque sorte en communication avec elle. » Ammien Marcellin dit que, « s'élevant au-dessus des choses humaines, ils proclamèrent les âmes immortelles ». Pline les nomme « les mages de l'Occident ». Cicéron vante la science du druide Divitiac qu'il hébergea longtemps à Rome.

L'origine des druides remonte dans la nuit des temps. « Les hommes des chênes sacrés » furent ses premiers sages. Car l'ombre de certains arbres versait la sagesse, leur murmure l'inspiration. Les druidesses sont peut-être plus anciennes encore, s'il faut en croire Aristote, qui fait venir le culte d'Apollon à Délos de prêtresses hyperboréennes. Les druidesses furent d'abord les libres inspirées, les pythonisses de la forêt. Les druides s'en servirent originairement comme de sujets sensibles, aptes à la clairvoyance, à la divination. Avec le temps, elles s'émancipèrent, se constituèrent en collèges féminins, et, quoique soumises hiérarchiquement à l'autorité des druides, elles agissaient de leur propre mouvement.

Les druides avaient leurs collèges au centre de la Gaule ; les druidesses régnaient seules dans les îles de l'Océan Atlantique. Leurs règles variaient selon les collèges. A l'île de Sein, elles étaient vouées à une virginité perpétuelle. A l'embouchure de la Loire, au contraire, les prêtresses des Namnètes étaient mariées et visitaient leurs maris furtivement, à la nuit close, sur des barques légères qu'elles conduisaient elles-mêmes. Ailleurs encore, dit Pline, elles ne pouvaient révéler l'avenir qu'à l'homme qui les avait profanées. En somme, les druidesses représentaient la religion de la nature, livrée à tous les caprices de l'instinct et de la passion. D'étranges lueurs sillonnaient ces ténèbres, éclairs de voyantes ou rayons perdus de la vieille sagesse des druides.

Au Mont-Bélénus, elles avaient substitué au culte mâle du soleil celui de la lune qui favorisait leurs maléfices, leurs philtres et leurs incantations. Elles s'y livraient la nuit sur l'îlot aujourd'hui appelé Tombelaine. Là, le marin téméraire, qui osait approcher avec le flux, voyait quelquefois des rondes de femmes demi-nues agitant des flambeaux. Mais on racontait que, si l'étranger était assez fou pour aborder, l'ouragan chassait son embarcation au large et que d'effrayantes visions le poursuivaient au loin sur les eaux.

Et pourtant le chef gaulois, qui méditait une guerre lointaine, était tenté d'aborder là. Car souvent, malgré les présents donnés aux neuf Sènes, malgré les coupes d'argent, les colliers de corail et ces beaux bracelets en or tordu, orgueil des guerriers, malgré l'oracle solennel prononcé dans le Neimheidh par l'aînée des prophétesses, il n'avait obtenu que de vagues prédictions. La seconde vue était rare, le délire sacré se perdait, et les jalouses druidesses étaient avares de leur science. Mais un bruit courait parmi les tribus : « Quiconque forçait l'amour d'une druidesse lui arrachait le secret de la destinée. » Grand sacrilège ! cent fois pour une, on y risquait sa vie. Cette pensée aiguillonnait le Gaulois, ouvrait toutes grandes les ailes de son désir.

N'avait-il pas vu de simples colons tributaires tendre la gorge au couteau pour quelques cruches de vin qu'on distribuait libéralement à ses amis avant de mourir ? Lui-même n'avait-il pas exposé son corps blanc et nu, dans la fête des lances, pour voir couler son sang rouge comme une parure ? N'avait-il pas, au mugissement des trompes d'airain, aux notes stridentes du bardit qui ébranle l'air comme une tempête, poussé son cheval hennissant et cabré au milieu des légions romaines ? Un nouveau frisson secouait son corps quand, par une nuit noire, il dirigeait sa nacelle vers l'îlot de Koridwen, où des torches mouvantes annonçaient la présence des neuf Sènes et leurs danses magiques. Ces flammes errantes au bord du grand océan annonçaient la limite de deux mondes, l'île du Trépas. Là le guettait l'Amour ou la Mort !... Non, ses aïeux n'avaient pas frissonné ainsi, à l'escalade du temple de Delphes, quand la foudre tonnait dans la gorge noire d'Apollon !

Sur l'îlot, au milieu d'un cercle de pierres, se mouvaient en ronde, et torches en main, les neuf Sènes. Elles étaient vêtues de tuniques noires, bras et jambes nus, les unes avec des faucilles d'or au flanc, les autres avec des carquois d'or remplis de flèches sur les épaules, toutes couronnées de verveine. Elles tournaient autour d'un feu surmonté d'un vase de cuivre, où écumait l'eau, et y jetaient des herbes et des fleurs. Dans ce vase, elles élaboraient leurs philtres et invoquaient Koridwen avec des interjections courtes et haletantes.

Quelquefois donc, au milieu de leurs cérémonies, les prêtresses voyaient s'avancer dans leur cercle un guerrier au casque coiffé d'ailes d'aigle, son épaisse chevelure d'une teinte enflammée roulant en grosses tresses sur son dos, le regard fier, le bouclier quadrangulaire et l'épée à la main. « Par Bel-Héol aux cheveux de flamme, qui réchauffe le cœur de l'homme, je demande asile aux prophétesses. Pour savoir ma destinée de l'une de vous, je donne ma vie en gage. Je la jette comme ce bouclier et cette épée dans le cercle des dieux ! » Affolées de stupeur et ramassées en un groupe, les Sènes écoutaient ce défi ; puis, avec un cri sauvage, une clameur stridente, elles se jetaient sur l'audacieux. Il se laissait faire en riant. En un instant il était désarmé, terrassé, lié par les neufs femmes changées en Furies : « Que la plus jeune fasse le sacrifice à Koridwen, disait la plus âgée des druidesses. » Car la loi des Sènes voulait que le profanateur mourût sur-le-champ. Dédaigneux, il chantait en les bravant : « Par Bel-Héol, frappez... je ne vous crains pas, frappez le fils du soleil, filles de la lune..., prêtresses de la nuit. Frappez ! et libre je partirai pour le grand voyage. Ma langue dira mon chant de mort au milieu du cercle de pierres ; mon sang coulera dans la corne d'or, sous la main de la femme. Avance,... la corne d'or dans ta main,... la main sur le couteau,... le couteau sur la tête !... »

Et le couteau brillait dans la main d'une femme échevelée sur ce beau corps palpitant, garrotté sur le roc. Mais quelquefois le regard farouche de la druidesse, fasciné par celui de sa victime, se troublait d'un vertige inconnu ; son bras se glaçait ; le couteau tombait de sa main. Dans son œil hagard, une immense pitié succédait à la fureur sacrée. Alors, malheur à elle..., la sacrificatrice devenait la victime. L'homme avait vaincu. Livrée au vainqueur, la druidesse devait mourir à sa place. Ses compagnes poussaient un cri d'horreur, une malédiction terrible. Elles jetaient sur l'abandonnée l'ache et la cendre en détournant la tête. Puis, elles s'enfuyaient à la hâte sur leurs barques, rapides comme des mouettes, saisies d'épouvante, en jetant dans la nuit des notes aiguës avec l'écume de leurs rames.

Et pour trois jours, l'île de la Mort devenait l'île de l'Amour ! Trois jours, trois nuits de grâce, trois sourires de lune nuptiale et funèbre, voilà ce que les Sènes implacables accordaient à leur sœur maudite et condamnée. Libre au vainqueur d'effeuiller sa couronne de verveine, d'arracher tout ce qu'il pouvait au cœur de la druidesse, domptée par l'amour et vouée au suicide ou au supplice. Plein de stupeur et d'un effroi sacré, il contemplait cette fiancée muette, assise au bord de sa tombe, grâce redoutable, amère volupté que lui accordait Koridwen, la déesse de la nuit. Dans quel abandonnement de tout son être et de sa couronne défaite, il la voyait choir jusqu'au fond de l'abîme, d'où elle rebondissait avec des étonnements, des joies, des sursauts, et les affolements de la mort imminente. Ah ! les guirlandes d'églantine effeuillées dans la grotte basse, mouillée des flots, les longues étreintes, les baisers, les murmures entrecoupés par le battement rythmique de la vague !

Souvent elle l'interrompait au milieu des plus fous transports : « Tais-toi, disait-elle, et laisse-moi écouter... Je sais ce que murmure la pointe des arbres et quels sont les divins souffles qui parlent dans les troncs. Je veux te dire ce que m'ont dit de toi les génies, pendant que je dormais là-bas, dans la forêt, sous les bouleaux, où gémissent les harpes suspendues dans les branches. » Et elle disposait par terre toutes sortes de rameaux d'arbres noués avec des feuilles de chênes. Elle formait ainsi les *rufnes* ou les lettres magiques. Et, d'après ces signes amoureusement entrelacés, elle prédisait au chef les jours, les batailles, la destinée inévitable, le trépas heureux et prompt ou la dure vieillesse et l'esclavage abhorré.

La nuit, avec de grands frissons, elle s'échappait de ses bras et courait au sommet de l'îlot inondé de la clarté lunaire. Là, avec des gestes austères et chastes, elle invoquait pour lui les grands ancêtres des Gaëls et des Kymris, Ogham, Gwyd et Teudad. Puis, excitée par l'odeur de la verveine froissée, elle entrait en délire. Alors le Gaulois accroupi sur la roche sentait avec épouvante et stupeur que le monde des ombres lui disputait déjà cette femme qu'il pressait tout à l'heure dans ses bras chauds et puissants. Car tandis que le nimbe lunaire semblait descendre sur l'île et qu'une brume l'enveloppait, il comprenait aux mouvements de la druidesse, à ses cris d'effroi, à ses interjections suppliantes quelle s'entretenait avec des fantômes invisibles pour lui, mais que les yeux grands ouverts de la Sène voyaient glisser dans la brume.

Ah ! Koridwen se vengeait, lui reprenait sa proie ! Fou de désir, d'inquiétude, de compassion, il arrachait la prophétesse à son délire et l'entraînait dans la grotte profonde. Là, sur le lit de feuilles de chênes frais et de bouleau parfumé, après les larmes délicieuses, lentement versées et longuement bues, elle l'étonnait bien davantage, en lui confiant les grands secrets de la sagesse des druides. Elle devenait plus belle et presque terrible, ses yeux le transperçaient comme deux poignards, quand elle lui révélait les trois cercles de l'existence : *Annoufen*, l'abîme ténébreux d'où sort toute vie ; *Kilk y Abred*, où les âmes émigrent de corps en corps ; *Kilk y Gwynfyd*, le ciel radieux où règne le bonheur, où l'âme recouvre sa mémoire primordiale, où elle retrouve son *Awen*, son génie primitif. Alors elle disait de ces choses étranges et inquiétantes qui, huit siècles plus tard, tombaient encore des lèvres du vieux Taliésinn et faisaient faire des signes de croix aux moines hibernais dans le couvent de Saint-Gildas : « La mort est le milieu d'une longue vie. Gwyd, le grand Voyant, m'a poussée hors de la nuit primitive avec la pointe d'un bouleau ; j'ai été marquée du signe d'une étoile par le sage des sages, dans le monde primitif où j'ai reçu l'existence. Goutte d'eau, j'ai joué dans la nuit ; feu, j'ai dormi dans l'aurore ; j'ai été primevère dans la prairie, serpent tacheté de la montagne, oiseau de la forêt. J'ai transmigré, sur la terre, avant de devenir voyante. J'ai transmigré, j'ai dormi dans cent îles ; dans cent villes j'ai demeuré. Écoute les prophéties ; ce qui doit être sera. »

Et la troisième nuit, elle devenait sérieuse, impassible, visionnaire sous l'étreinte. Son âme déjà semblait absente. A la première lueur de l'aube, la druidesse elle-même pressait le départ du guerrier. Gravement, elle-même attachait à son cou, comme un talisman, le collier de coquilles consacrées. Elle-même allumait une torche de résine et la fixait à la barque longue et mince, creusée dans un tronc d'arbre, qui devait emporter le héros. Cette torche signifiait l'âme de la druidesse malheureuse, qui, chassée du sanctuaire de Bel-Héol, en proie aux tempêtes de la terre, devait, après les temps révolus, guider par delà l'océan le chef qu'elle avait aimé ! Redevenue la prophétesse inabordable, la mort solennelle dans les yeux, elle-même conduisait comme dans un rêve son époux dans la barque, et puis, poussant un cri terrible, la lançait sur les flots. Alors, le rameur emporté par le flux était poursuivi par un chant doux et sauvage qui venait du rivage de l'île : « Prends garde ! tu m'as possédée vivante ; morte je te posséderai et ne te quitterai plus ! Je serai dans l'orage, je serai dans la brise. Je vibrerai dans le rayon de lune, je palpiterai dans les ténèbres ! Fils de Bel-Héol, par Koridwen, je prends possession de toi !... Souviens-toi des prophéties ! Tu me verras dans la barque du départ... Ce qui doit être sera... »

Et la druidesse, assise sur son rocher, ne voyait plus qu'une torche dansant sur les flots, image de sa propre âme qui fuyait hors d'elle-même. Quand le flambeau avait disparu, elle vidait une coupe remplie du suc empoisonné de l'if mêlé de belladone. Aussitôt un sommeil lourd engourdissait ses membres, et d'épaisses ténèbres recouvraient pour toujours les yeux de la voyante. Lorsqu'au matin les Sènes, les rameuses jalouses accouraient sur leurs barques, elles ne trouvaient plus qu'un cadavre déjà glacé par la torpeur de la mort et la rosée du matin.

Aujourd'hui, Tombelaine n'est plus qu'un îlot aride, élevé à quarante mètres au-dessus de la grève. Il a pour base des rochers abrupts dont les crêtes percent au sommet le sol sablonneux. On y voit quelques pans de murailles en ruine et une grotte naturelle au midi. Quand les chrétiens baptisèrent le *Tom Bélen* du nom de

Saint-Michel, la pauvre île délaissée hérita de ce nom. Est-ce le vague souvenir des scènes étranges et sauvages des temps druidiques, transmis et travesti d'âge en âge ? Est-ce une fatalité attachée à ce lieu ? Est-ce le simple effet de sa mélancolie naturelle ? Toujours de tristes légendes y ont flotté.

Les trouvères du Moyen Age prétendirent que la nièce du roi de Bretagne Hoel avait été enfermée là par un géant et y était morte « dolente de grand doulour ». Ils disaient qu'on entendait autour de l'îlot « grands plors, grands sospirs et grands cris ». Plus tard, les paysans de la côte racontèrent qu'une jeune fille du nom d'Hélène, n'ayant pu suivre Montgommery, son amant, qui allait avec le duc Guillaume conquérir l'Angleterre, se laissa trépasser là quand elle eut perdu de vue, dans la vapeur de l'océan, le vaisseau qui emportait sa vie. D'où viennent ces bizarres traditions répétant toujours un fait analogue ? D'où vient enfin cet usage singulier qui subsistait parmi les pêcheurs normands au milieu du XIXe siècle ? Lorsqu'on lançait une barque à la mer, on allumait une chandelle à la poupe et les pêcheurs chantaient :

> La chandelle de Dieu est allumée,
> Au saint nom de Dieu soit alizée,
> Au profit du maître et de l'équipage.
> Bon temps, bon vent pour conduire la barque,
> Si Dieu plaît ! Si Dieu plaît !

« La chandelle de Dieu » est une survivance du flambeau de Bélen qui brûlait dans les fêtes druidiques. En elle brille encore — inconscient — le symbole des âmes inextinguibles tordues par le vent sur la barque du destin, et vacille un pâle, un dernier ressouvenir de la druidesse mourante et oubliée.

De gauche à droite et de haut en bas :
Mariage de Jean de Calais avec Constance. Rencontre entre le roi
de Portugal et Jean de Calais. Jean de Calais jeté à la mer
par Don Juan. Jean de Calais retrouve Constance.

JEAN DE CALAIS :
HÉROS AU GRAND CŒUR

Un des principaux et des plus riches négociants de la ville de Calais avait un fils unique, à qui il avait donné toute l'éducation nécessaire pour lui former l'esprit et le corps. La nature l'avait doué des charmes de l'un et des grâces de l'autre ; ainsi ses maîtres le virent bientôt passer leurs espérances. Il s'attacha sur toutes choses à l'art de naviguer ; et lorsqu'il eut joint la pratique à la théorie, il fut le plus brave et le plus excellent homme de mer de son temps. Son jeune courage ne lui permettant pas de languir dans une molle oisiveté, il engagea son père à lui équiper un vaisseau assez fort pour nettoyer la côte d'un nombre infini de corsaires, que le grand négoce des habitants de Calais y avait attirés, et qui faisaient mille brigandages dans ces mers.

Son père loua son audace, et lui fournit abondamment tout ce qu'il lui fallait pour l'exécution d'un si beau projet. Tout étant prêt, il mit à la voile, et sa valeur, soutenue par sa prudence, le servit si bien, qu'ayant battu ces voleurs de mer en plusieurs rencontres, il les détruisit si parfaitement qu'il n'en paraissait plus. Ces nouvelles portèrent les habitants de la ville de Calais à un tel degré de reconnaissance, qu'ils lui préparèrent des arcs de triomphe, en joignant à son nom celui de la ville, comme lui étant redevable de sa tranquillité et de la sûreté de son commerce, ce qui fait que l'historien ne le donne jamais à connaître que sous le nom de Jean de Calais.

Ce jeune héros était près, par son retour, de jouir des honneurs qui l'attendaient, lorsque son vaisseau fut battu par une si cruelle tempête qu'il fut porté dans des mers inconnues. Le calme ayant succédé à l'orage, Jean de Calais ayant mis en usage tout ce que l'art et l'expérience lui avaient appris pour trouver les terres, découvrit une île ; il s'en approcha, et ayant mis sa chaloupe en mer, aborda, lui neuvième, au bord d'un bois, dans lequel il entra suivi de huit soldats.

Sa surprise fut extrême de le trouver taillé et coupé par de grandes et belles allées, cette attention lui paraissant extraordinaire dans un pays qu'il avait cru inhabité ou barbare. Mais son étonnement eut de quoi s'augmenter, lorsque s'étant avancé, il entendit parler flamand, langue qui lui était familière. Il conduisit ses pas du côté des voix qu'il venait d'entendre, et vit trois hommes superbement vêtus qui s'approchèrent de lui avec politesse. Jean de Calais les pria de lui apprendre dans quel pays il était, et s'il y avait sûreté pour lui et pour sa troupe. « Qui que vous soyez, lui répondit celui qui paraissait être au-dessus des autres, je trouve surprenant que vous ignoriez que vous êtes dans l'Orimanie, État florissant, où règne le roi du monde le plus juste, de qui la sagesse a dicté les lois auxquelles il s'est soumis lui-même, et dont l'observation religieuse fait le bonheur de cet empire : ne regrettez point d'y être abordé, vous y serez en assurance. Montez sur cette hauteur, ajouta-t-il, qui vous cache la grande et superbe ville de Palmanie, qui sert de capitale à ces riches états : vous y verrez une rivière majestueuse qui forme le plus beau port de l'univers, et dont l'abord est la sûreté de toutes les nations. »

Jean de Calais le remercia ; et charmé des grâces que lui faisait la fortune, il s'avança sur le sommet qui lui cachait la ville, et découvrit le plus beau pays du monde : il descendit dans cette capitale, le cœur rempli de joie ; mais étant arrivé dans une grande place, il vit le corps d'un homme déchiré par les chiens : cet objet lui fit horreur ; il se repentit de s'être engagé si avant. Il demanda cependant pourquoi, dans une si grande ville, et dont on lui avait dit que les lois étaient si sages, il ne se trouvait pas quelqu'un assez charitable pour faire donner la sépulture à ce malheureux. On lui répondit qu'il subissait la peine de la loi, qui ordonnait que tous ceux qui mouraient sans payer leurs dettes, seraient jetés aux chiens pour en être la proie ; et que leurs âmes étaient errantes, sans que les intelligences éternelles leur donnassent le lieu de repos destiné aux justes ; qu'on faisait cette punition publiquement, parce qu'il se trouvait souvent des personnes assez généreuses pour acquitter les dettes de ces malheureux et faire donner la sépulture à leurs corps.

Il n'en fallut pas davantage à l'âme magnanime de Jean de Calais : excité par la compassion, il fit publier sur-le-champ, à son de trompe par toute la ville, que les créanciers de cet homme n'avaient qu'à lui faire voir leurs titres, et qu'il s'offrait de les acquitter ; et le lendemain, ayant fait entrer son vaisseau dans le port, il prit l'argent nécessaire pour satisfaire à sa parole ; il la tint exactement, et fit d'honorables funérailles au cadavre du débiteur. Après avoir reçu du suprême magistrat et du peuple les louanges qu'une pareille action méritait, il ne songea plus qu'à prendre les hauteurs de cette terre favorable, pour en pouvoir donner connaissance à sa patrie, et lui ouvrir un chemin qui facilitât un négoce utile aux deux nations.

Un soir qu'il se retirait d'assez bonne heure sur son bord, il aperçut un vaisseau qui venait de mouiller auprès du sien, sur le pont duquel il vit deux dames fondant en pleurs ; elles étaient magnifiquement parées, et leur air fit juger à Jean de Calais qu'elles étaient d'une naissance distinguée. Il s'informa à qui appartenait ce vaisseau ; il apprit qu'il était à un corsaire qui venait d'entrer dans le port, que les deux personnes qu'il voyait étaient deux esclaves qu'il vendrait le lendemain. Le cœur sensible de Jean de Calais fut touché de leur malheur, et il forma le dessein de les retirer de l'abîme dans lequel elles allaient tomber. Pour cet effet il manda le corsaire, et sans marchander du prix, il donna au pirate tout ce qu'il voulut, et fit venir les deux esclaves sur son bord.

Mais quelle fut sa surprise, lorsqu'elles eurent ôté leurs voiles, de voir deux jeunes beautés capables d'attendrir l'âme la plus barbare ! Les pleurs qu'elles répandaient ne faisaient qu'augmenter leurs charmes, et semblaient leur servir d'armes pour vaincre tous les cœurs ; une des deux surtout frappa celui de Jean de Calais d'un trait qu'il ne put parer. Après avoir donné quelque temps à l'admiration que lui inspirait son amour naissant, il les consola, leur dit qu'elles étaient libres, et qu'un respect inviolable suivrait l'action qu'il venait de faire ; et qu'en les retirant des mains du pirate, il n'avait point d'autre dessein que de les rendre à leurs parents, sans espoir d'aucune rançon. Ces paroles généreuses rassurèrent les belles captives. L'air noble de Jean de Calais et les grâces qui accompagnaient toutes ses actions touchèrent leur cœur, et les termes les plus obligeants lui marquèrent leur reconnaissance. Quelque temps après il mit à la voile, et sa navigation fut si heureuse, qu'il se trouva bientôt sur les côtes d'Albion, où le mauvais temps l'obligea de relâcher.

Pendant le voyage, il ne passait presque pas de moments sans être auprès de ses esclaves ; et comme il était jeune, insinuant et fait pour plaire, il trouva bientôt le chemin du cœur de celle qui l'avait charmé : le même trait les blessa si profondément, qu'ils ne purent se le cacher longtemps. Ils s'aimèrent, ils se le dirent, et ne consultant que la vivacité de leurs sentiments, ils se jurèrent un amour éternel. Lorsque Jean de Calais fut assuré de son bonheur, il pria cette jeune beauté de lui déclarer qui elle était, et par quel accident elle et sa compagne avaient été enlevées par le pirate.

— Ne croyez pas, ajouta-t-il, que ma curiosité ait nul motif désobligeant : qui que vous soyez, il n'est rien que je ne trouve fort au-dessous de vous ; et pour vous prouver ce que je dis, je vous donne ma foi dès ce moment et sans en savoir davantage, si vous voulez bien m'accepter pour époux.

— Je reçois avec plaisir, lui répondit la belle esclave, la foi que vous m'offrez ; je vous donne la mienne, et fais tout mon bonheur d'être unie à vous pour jamais ; mais pour ma naissance, souffrez que je vous en fasse un mystère que je trouve nécessaire au repos de ma vie. Qu'il vous suffise de savoir que le ciel ne m'a pas fait naître indigne de vous, et d'apprendre que je me nomme Constance et ma compagne Isabelle. Je n'ai point soupçonné votre curiosité d'avoir rien d'offensant pour moi : ne vous offensez pas non plus du silence que je m'impose ; notre amour l'exige de moi. Je dois me taire pour être à vous, et je veux éloigner de mon esprit tout ce qui pourrait m'empêcher de suivre un penchant plus fort que ma raison.

Jean de Calais était trop amoureux pour presser la belle Constance après un tel aveu : il lui promit de ne lui en plus parler ; et sans consulter davantage, ils s'unirent pour jamais. Cependant Isabelle, qui avait été témoin de leur union, prenant le moment que Jean de Calais était occupé à donner des ordres dans son vaisseau, ne put s'empêcher de marquer sa surprise à Constance sur l'action qu'elle venait de faire.

— Quoi ! madame, lui dit-elle, est-il possible que l'amour vous aveugle assez pour oublier qui vous êtes ? Croyez-vous pouvoir vous cacher toujours, et que les nœuds que vous venez de former ne soient point rompus lorsqu'on saura où vous êtes ? Je ne parle point de moi ; dans quelque obscurité que vous me fassiez vivre, attachée à votre sort sans nulle réserve, je ne m'en séparerai jamais ; votre seule gloire m'intéresse, et je ne puis voir sans douleur que vous abandonniez l'espoir le plus brillant pour écouter votre tendresse.

— Je ne m'offense point, ma chère Isabelle, lui répondit Constance, du discours que tu me tiens ; je me suis dit mille fois les mêmes choses ; mais l'amour est plus fort. Le sort brillant dont tu me parles, n'a rien que d'affreux pour moi, ne pouvant le partager avec ce que j'aime ; et je trouve l'obscurité qui te gêne au-dessus du destin le plus éclatant, puisqu'elle me donne la liberté de suivre mon penchant. Mes nœuds dureront toujours en gardant mon secret, et je ne le découvrirai jamais, ou du moins que lorsque je verrai qu'on ne pourra les rompre qu'en faisant rejaillir sur moi une honte mille fois plus grande que celle de mon hymen avec le plus aimable homme du monde. Et puisque tu me chéris assez pour ne me point quitter, pousse encore cette tendresse à chérir ma tranquillité, et à ne jamais découvrir un secret dont elle dépend.

C'est de cette façon qu'elle imposa silence à sa compagne, qui, ne voyant point de remède à ce qu'elle appelait un malheur, se résolut d'obéir. L'heureux Jean de Calais, charmé de posséder Constance, rendit grâce au ciel des dons qu'il en avait reçus ; et comblé des faveurs de la fortune et de l'amour, il se rembarqua, et le temps favorable à ses vœux le fit aborder au port de Calais. Le bruit de son retour fut bientôt répandu, son père et tous les habitants de la ville furent le recevoir, et lui rendirent les honneurs que méritaient ses actions héroïques. Mais quelle fut la douleur de ce jeune héros, de voir son père désapprouver son mariage avec Constance ! L'histoire sincère qu'il lui fit de la façon dont il l'avait trouvée irrita son courroux, et quelque vive que fût la peinture que Jean de Calais lui fit de son amour pour elle et de ses vertus, ce père sévère ne lui put pardonner d'avoir pris un engagement qui lui paraissait si fort au-dessous de lui, et il n'épargna rien pour l'obliger à l'abandonner ; mais il lui protesta qu'on lui arracherait plutôt la vie, qu'il avait donné sa foi à la personne du monde qui en était la plus digne, et qu'il la lui garderait jusqu'au tombeau. Le vieillard, plus irrité que jamais de sa résistance, le bannit de sa maison, malgré les sollicitations des principaux de la ville, qui s'intéressaient pour lui ; il lui ordonna de ne plus paraître à ses yeux.

Jean de Calais, sensiblement touché de l'outrage que son père faisait à sa chère Constance, se retira dans une maison qui était près du port, avec elle et sa fidèle compagne. Ces altercations entre le père et le fils ne purent lui être cachées : sa fierté en fut alarmée, et malgré tout son amour, elle fut sensible au mépris que le père de son époux parut avoir pour elle. Cependant elle ne se démentait point : toujours tendre, toujours fidèle, elle consola Jean de Calais ; et l'année de son mariage était à peine finie qu'elle accoucha d'un fils qui fit toute l'attention de ce cher époux pendant plusieurs années qui se passèrent sans qu'il pût attendrir son père. Mais enfin, pressé par des amis communs, il consentit à fournir à Jean de Calais de quoi équiper un second vaisseau, pour porter et établir un négoce éclatant avec les nations qu'il avait découvertes, espérant que l'absence et les hasards lui feraient oublier Constance et son fils.

L'armement fut bientôt prêt ; quoiqu'il flattât les désirs de Jean de Calais par l'espoir d'acquérir une nouvelle gloire, il ne put voir approcher le jour de son départ sans ressentir une douleur amère d'être obligé de se séparer d'une épouse et d'un fils qu'il aimait si tendrement. Constance, de son côté, n'était pas plus tranquille ; les périls où s'allait exposer Jean de Calais, et la crainte qu'un fatal oubli ne la chassât de son cœur, troublaient également son repos. Elle répandait ses pleurs dans le sein de sa chère Isabelle, qui les partageait avec un zèle digne de l'un et de l'autre ; mais enfin l'amour offrit à Constance un moyen de retenir son époux dans ses chaînes, et d'obliger son père à rougir du cruel traitement qu'il lui avait fait souffrir. Elle cacha son dessein à sa fidèle Isabelle, craignant qu'elle ne l'en détournât ; mais lorsqu'elle vit qu'il n'y avait plus que peu de jours à s'écouler jusqu'au départ de Jean de Calais, elle se jeta à ses genoux, en le priant de ne pas lui refuser deux grâces qu'elle avait à lui demander. Ce tendre époux la releva, et l'embrassant avec les témoignages de l'amour le plus vif, lui jura qu'il était prêt à lui tout accorder. « Je vous conjure donc, lui répondit-elle, de me faire peindre sur la poupe de votre vaisseau, avec mon fils et ma chère Isabelle. Lorsque cela sera exécuté, et que vous serez au jour de votre embarquement, je vous dirai la seconde grâce que j'exige de votre tendresse. »

Jean de Calais ne trouvant rien dans cette demande qui ne flattât sa passion, en lui donnant occasion d'avoir sans cesse devant les yeux ce qu'il avait de plus cher, y consentit avec plaisir. Il employa à cet ouvrage les plus habiles peintres qu'il put trouver. Ils travaillèrent si promptement, qu'ils ne retardèrent point le départ de Jean de Calais, qui, voyant le temps favorable, en voulut profiter pour s'embarquer. Alors la généreuse Constance l'accompagnant jusqu'à son vaisseau : « Voici le jour, lui dit-elle, les yeux baignés de larmes, où tu me dois accorder la dernière grâce que j'ai à te demander : ne me la refuse pas, ainsi que tu me l'as promis. Tourne la proue de ton vaisseau du côté de Lisbonne, et va mouiller le plus près que tu pourras du château de cette ville ; c'est là que tu verras à quel point je t'aime, et quels sacrifices t'a fait mon amour. »

Quoique Jean de Calais ne pût comprendre le sens d'un pareil discours, il lui promit d'exécuter ce qu'elle souhaitait. Ils s'embrassèrent, et s'étant séparés avec peine, il fit mettre à la voile, l'âme remplie d'espoir, d'amour et de douleur. Il tint parole à Constance ; et sa navigation ayant été heureuse, il vint aborder directement sous le château de Lisbonne. L'arrivée et la beauté de son vaisseau attirèrent presque toute la ville sur son bord. Le roi de Portugal même sentit exciter sa curiosité par tout ce qu'on lui en dit, et voulut en juger par ses yeux. Il descendit de son château, suivi d'une cour nombreuse. Jean de Calais le reçut avec tous les honneurs dus à la majesté royale. Ce prince fut charmé de sa bonne mine, de son esprit et de l'air de grandeur qu'il répandait dans ses moindres actions.

Il examina avec soin la construction de son vaisseau ; mais lorsqu'il eut jeté les yeux sur le tableau qui en ornait la poupe, il ne put s'empêcher de marquer son étonnement par un cri qui attira les regards de toute la cour sur ces objets. Chacun parut être agité du même trouble que le roi ; mais voyant qu'il gardait le silence, personne n'osa le rompre, et renferma ses pensées dans le fond de son cœur. Jean de Calais, surpris des divers changements qu'il remarquait sur le visage du roi, lui en demanda respectueusement la cause, et le supplia de lui dire s'il était assez malheureux pour qu'il eût trouvé dans son vaisseau quelque chose qui lui déplût. « Non, lui répondit le roi en se faisant effort pour se remettre ; je suis charmé que vous ayez abordé en ces lieux ; je veux que vous y soyez reçu comme vous le méritez ; mais je vous défends d'en sortir sans mon ordre. »

À ces mots il se retira, et sa cour le suivit, sans avoir la hardiesse d'ouvrir la bouche sur ce qu'elle venait de voir. Le roi entra dans son cabinet, l'âme agitée de tant de différents mouvements, qu'il avait peine à les démêler lui-même. Il s'était bien aperçu que ceux qui étaient avec lui avaient eu la même idée, ce qui le détermina à s'instruire au plus tôt de la vérité, pour ne pas donner le temps à ses courtisans de divulguer des choses que lui seul devait savoir. Cette résolution prise, il fit dire à Jean de Calais de le venir trouver. Ce jeune guerrier n'était pas plus tranquille que le roi : il ne pouvait comprendre ce qui avait causé son trouble à la vue du portrait de Constance. Les dernières paroles de cette chère épouse lui revenaient dans la mémoire ; et les rassemblant avec les actions du roi, il cherchait à pénétrer le mystère qu'elles renfermaient, lorsqu'il reçut l'ordre de ce prince.

Il y fut, en remettant au ciel le soin de l'éclaircir. Le roi le fit entrer seul avec lui dans son cabinet, et lui montrant un visage ouvert :

— Je suis persuadé, lui dit-il, que ce qui s'est passé tantôt vous a donné de l'inquiétude ; je ne puis vous cacher que j'en ai une que vous pouvez dissiper. J'ai pris pour vous une estime particulière, et je n'épargnerai rien pour vous le prouver, si vous ne me déguisez point la vérité.
— L'ambition d'acquérir quelque gloire, répondit Jean de Calais, en se baissant profondément, ne peut entrer, seigneur, dans les âmes capables de mensonge ; l'honneur et la probité seront toujours les guides de mes actions et de mes paroles. Je ne voudrais pas, au péril de ma vie, manquer à ce qu'ils exigent de moi, même avec mes plus grands ennemis. Jugez, seigneur, si j'en serais capable avec un prince dont la justice et les vertus font mon admiration.
— Ainsi donc, lui dit le roi, vous n'aurez point de peine à m'avouer qui sont les deux femmes et l'enfant que vous avez fait peindre sur la poupe de votre vaisseau.
— Non, seigneur, lui répondit promptement Jean de Calais ; l'une des deux est ma femme ; l'enfant est son fils et le mien ; et l'autre est une de ses amies, que j'ai tirée avec elle d'un funeste esclavage. »

Le roi de Portugal soupira, et répandant quelques larmes qu'il ne put cacher :

— Et de laquelle, lui dit-il, êtes-vous l'époux ?
— De la plus belle, répondit Jean de Calais.
— Et son nom qui est-il ? continua le prince.
— Constance, répondit-il.
— Et celui de sa compagne ?
— Isabelle.
— Ah ! s'écria le roi Je n'en puis plus douter. Mais, reprit-il, achevez d'être sincère, en me contant en quel temps et comment ces deux personnes sont tombées entre vos mains, et de quelle façon vous vous êtes résolus, cette Constance et vous, à vous donner la foi.

Alors, sans hésiter, Jean de Calais rapporta fidèlement au roi de Portugal tout ce qui lui était arrivé depuis qu'il était parti la première fois du lieu de sa naissance ; et quoiqu'il affectât de parler de lui avec modestie, il en dit assez pour faire connaître de quelle utilité sa valeur avait été à sa patrie : il conta ensuite son naufrage sur les côtes de l'Orimanie, son aventure touchant le cadavre, et enfin la manière dont il avait délivré Constance et Isabelle.

— J'adorai Constance, continua-t-il, du premier moment que je la vis ; en la pratiquant, j'admirai sa vertu, son courage à supporter ses malheurs ; et je ne crus point de plus grande félicité pour moi que d'être uni à elle pour jamais. J'eus le bonheur de lui plaire, elle accepta ma foi ; mais elle m'a caché sa naissance avec un soin extrême. Il est vrai que je ne l'ai jamais pressée là-dessus. Mon cœur, content de sa vertu, dédaigna de s'instruire de ce qui doit le moins attacher les âmes généreuses ; la mienne préféra l'esclave qui mérite la couronne aux reines dont les sentiments ne répondent pas à la grandeur de leur rang. J'en ai un fils qui fait tout mon bonheur et celui de sa mère ; et c'est pour obéir à cette chère épouse que j'ai tourné la poupe de mon vaisseau du côté de ces lieux. J'ignorais son dessein : j'ignore aussi le vôtre, seigneur, dans le récit que vous avez exigé de moi ; mais je sais que, quels qu'ils puissent être, je serai toujours fidèle à Constance, et que je ne m'en séparerai jamais. Voilà, seigneur, l'exacte vérité que vous m'avez demandée. Heureux si elle peut exciter dans votre âme les sentiments d'estime que je cherche à m'acquérir parmi les nations où mes desseins et le hasard me font aborder !

— Oui, lui dit le roi en l'embrassant, la vertu a trouvé le chemin de mon cœur ; et pour reconnaître ta sincérité par une pareille franchise, apprends que cette épouse qui t'est si chère est la princesse ma fille unique, héritière de cet empire, et que sa compagne Isabelle est fille du duc de Cascaës.

— O ciel ! s'écria Jean de Calais, qu'il m'est glorieux, seigneur, de vous avoir conservé ce précieux trésor ! Mais hélas ! dans quel abîme de maux cette aventure va-t-elle me plonger ?

— Non, non, lui répondit le roi, assure tes esprits sur ce que tu peux craindre ; je suis aussi généreux que toi. Sans connaître ma fille que pour une esclave, tu n'as pas dédaigné de l'attacher à foi par des nœuds légitimes ; tu n'as point attaqué sa vertu par des feux criminels ; tu l'as tirée d'un esclavage où cette vertu n'aurait peut-être pu triompher de la violence d'un amour odieux. Tu l'aimes, tu lui es cher ; le secret qu'elle t'a fait de sa naissance me le prouve, puisque sans doute elle craignait en la déclarant, que j'empêchasse un hymen que j'aurais pu trouver inégal, ne te connaissant pas. Elle t'a conjuré d'aborder en ces lieux avec son portrait, sûre que je la reconnaîtrais et que ton mérite toucherait mon âme, comme il a touché la sienne ; de plus, elle t'a donné un fils, et sa gloire aujourd'hui demande que tu sois son époux, quoiqu'il lui eût été défendu autrefois de faire une semblable alliance. Je t'accepte donc pour gendre, continue ce grand prince, et je reconnais ton fils pour le mien.

Jean de Calais ne put s'empêcher de l'interrompre, il se jeta à ses pieds ; les termes les plus touchants prouvèrent sa reconnaissance pour ses bontés et son amour pour la princesse ; le roi le releva avec tendresse. « Ce n'est pas assez, continua ce prince, mon cher Jean de Calais, que mon consentement ; il faut que mon conseil l'approuve ; mais je parlerai de façon à lui faire connaître que c'est ma volonté ; et la joie que mon peuple aura de recevoir la princesse lui fera tout accorder. » Alors ce monarque lui conta qu'environ au temps qu'il avait marqué dans son récit, Constance et Isabelle furent enlevées par des corsaires, qui les trouvèrent se promenant au bord de la mer, où leur jeunesse imprudente les avait fait venir sans gardes et sans secours, qu'il n'avait rien négligé depuis près de cinq ans pour savoir ce qu'elles étaient devenues, mais que toutes ses recherches ayant été inutiles, il avait langui jusqu'à ce jour dans une morne tristesse ; qu'il avait fallu l'éclat de son arrivée pour exciter sa curiosité. « Je rends grâces au ciel, continua-t-il, de m'avoir écouté, puisqu'il m'a rendu par tes mains ce que j'ai de plus cher. »

Après cela ce prince fit appeler tous les principaux de sa cour, qui l'avaient accompagné dans le vaisseau de Jean de Calais : et leur ayant permis de dire ce qu'ils pensaient des personnes qui y étaient peintes, il s'écrièrent tous que c'était la princesse sa fille et la fille du duc de Cascaës. Le roi leur avoua la vérité ; et comme Jean de Calais avait reçu ce prince sur son bord avec une magnificence extrême, il n'y en eut pas un qui ne le trouvât digne de posséder un bien qu'il s'était acquis en le leur conservant. Le roi fit assembler son conseil, et proposa la chose en prince qui souhaitait que l'on fût de son avis. Personne n'en eut un contraire : le seul Don Juan, premier prince du sang, s'opposa fortement au bonheur de Jean de Calais ; mais quoique son éloquence fût animée par des raisons secrètes et qui lui étaient sensibles, il fallut céder au nombre. Le roi qui croyait que l'intérêt et la gloire de l'État l'avaient fait parler, ne lui en voulut point de mal ; et comme on résolut qu'on équiperait une escadre pour aller chercher la princesse, il en donna le commandement à Don Juan, et ordonna que Jean de Calais l'accompagnerait.

Cet honneur ne le consola point des pertes qu'il faisait. Ce prince aimait depuis longtemps la princesse de Portugal ; il était neveu du roi et par conséquent héritier de l'empire, si Constance venait à manquer ; mais son amour ayant mis des bornes à son ambition, il s'était flatté qu'un heureux hymen pourrait un jour satisfaire l'un et l'autre. La perte de la princesse avait ralenti sa passion et réveillé ses prétentions au trône ; et lorsqu'il apprit qu'elle était vivante, mais entre les mains d'un autre, qui lui ravissait à la fois sa maîtresse et l'empire, l'amour et l'ambition reprirent toutes leurs forces, et furent bientôt accompagnés de ce que la haine et la jalousie peuvent inspirer de plus terrible contre un rival.

Ce fut avec ces sentiments que Don Juan s'embarqua avec Jean de Calais, dont la vertu, l'espoir et la joie fermaient le cœur à des soupçons qu'il eût même rejetés, s'il eût été en état ou capable de les concevoir. On fit partir une corvette pour donner avis à Constance de tout ce qui s'était passé à Lisbonne et pour la préparer à son départ. Cette belle princesse avait vécu dans une grande retraite, depuis qu'elle était séparée de son époux : son fils et Isabelle étaient sa seule compagnie ; elle s'entretenait souvent avec elle de l'étonnement qu'elle s'imaginait bien que le roi son père aurait eu. Isabelle, qui n'avait su son dessein qu'après le départ de Jean de Calais, tremblait dans son âme que le roi ne lui fît un mauvais traitement : elle marqua quelquefois sa crainte à Constance, mais en cherchant des détours pour ne la pas alarmer mal à propos. La princesse qui pénétrait tout ce qu'elle n'osait lui dire, la rassura.

— Le roi mon père, lui disait-elle, a de la tendresse pour moi ; il sera charmé de me revoir : la vertu de Jean de Calais le touchera ; enfin, je suis persuadée que mon bonheur sera parfait.

— Mais, madame, lui répondit Isabelle, puisque vous aviez cette pensée, pourquoi l'avoir exécutée si tard ? Qui peut vous avoir empêché d'instruire le roi de votre aventure ?

— C'est un effet de mon amour, lui disait la princesse ; je voulais attendre que le ciel remplît mes désirs en me rendant mère, afin que le roi mon père trouvât ma gloire intéressée à cimenter les nœuds que j'ai formés ; et si mon époux ne fût point parti, je l'aurais engagé moi-même à effectuer ce que j'avais projeté.

— Cependant, madame, ajoutait Isabelle, si le roi désapprouve vos feux, s'il ne veut pas reconnaître Jean de Calais pour votre époux ?

— J'aurai, dit la princesse, la satisfaction d'avoir prouvé mon amour à ce que j'aime, en lui sacrifiant le trône où j'étais née ; j'aurai le plaisir de faire voir à son père que celle qu'il regarde comme une vile esclave eût été reine si elle eût moins estimé son fils.

C'était avec de tels discours qu'elles écoulèrent le temps de l'absence. Cependant Don Juan fit tant de diligence et le vent fut si favorable, que l'escadre arriva presque aussitôt que la corvette d'avis. Aux nouvelles qu'elle apporta tout le pays fut en mouvement ; chacun s'empressa à rendre ses respects à la princesse, de qui la joie ne put s'exprimer en voyant réussir son projet si glorieusement pour elle et son cher époux. Le père de Jean de Calais se repentant du mépris qu'il avait marqué, fut le premier à engager toute la ville à lui faire les honneurs qu'exigeaient sa naissance et son rang : il lui demanda pardon en présence de tous de son manque de respect, et son zèle éclata si sensiblement, que la princesse lui dit, en l'embrassant et l'appelant son père, qu'elle ne se souviendrait jamais de ce qui s'était passé et qu'elle l'oubliait sans peine, en considération d'un époux qui lui était mille fois plus cher que la vie.

Cette princesse eut à peine reçu les hommages de la ville de Calais, que le port retentit de mille cris de joie qui annoncèrent l'arrivée de l'escadre. Les habitants, magnifiquement vêtus, se mirent sous les armes, et furent en bon ordre recevoir Don Juan et Jean de Calais, qui débarquèrent au bruit des trompettes et des cymbales. Les chemins étaient remplis de monde, les fenêtres garnies de dames, et un peuple innombrable les accompagna jusqu'à l'hôtel-de-ville, où le principal magistrat avait fait loger la princesse avec son fils et Isabelle pour lui faire plus d'honneur. Elle vint recevoir son époux et Don Juan sur le perron qui séparait son appartement de l'escalier. Elle était environnée des dames les plus qualifiées de la ville. Don Juan, comme ambassadeur, s'avança le premier, mit un genou en terre et lui baisa la main ; Jean de Calais parut ensuite, qui fit la même action ; mais la princesse, bien loin de lui présenter la main, ouvrit ses bras, et se jetant dans les siens en le faisant relever, elle l'embrassa mille fois, en lui disant tendrement que ce n'était pas à lui à lui rendre des respects qu'il fallait désormais qu'il partageât avec elle. L'amour de ces deux époux attendrit toute l'assemblée : leur grâce et leur beauté attiraient son admiration, et l'on fut bien longtemps sans rien entendre que : *Vivent Jean de Calais et la princesse de Portugal !*

Tant de marques de bienveillance de la part du peuple et d'amour de la princesse déchiraient l'âme de Don Juan ; il se contraignit cependant, et voulant faire croire que ses ordres étaient d'assez grande importance pour n'être pas rendus publics, il demanda une audience particulière à Constance ; mais cette princesse qui connaissait le fond de son cœur, voulut s'épargner un entretien qui aurait pu lui être désagréable, et lui répondit tout haut qu'elle n'avait point de secret pour son époux ; qu'il pouvait s'expliquer devant lui, et que sachant les bontés du roi pour Jean de Calais, ses ordres devaient lui être communiqués comme à elle. Don Juan sentit toute l'étendue de ce refus ; il avait autrefois parlé de son amour à Constance, qui l'avait toujours traité avec indifférence. Ainsi il ne douta point que la crainte d'entendre ses plaintes et le mépris qu'elle faisait de sa tendresse, ne la fît agir de la sorte : il résolut dans son âme de s'en venger, et continuant de dissimuler sa rage et ses desseins, il rendit à la princesse un compte exact de ce qui s'était passé entre le roi et Jean de Calais, et finit en la conjurant de la part de ce prince de partir incessamment.

Constance lui dit qu'elle était prête et que rien ne pouvait la retenir, dans l'impatience qu'elle avait d'aller rendre grâce au roi de toutes ses bontés. Après tous ces compliments pleins d'une cérémonie qui gênait également ces heureux époux, l'infortuné Don Juan se retira dans l'appartement qu'on lui avait préparé, et laissa Jean de Calais et sa belle princesse en liberté. Que ne se dirent point ces tendres époux ! Avec combien d'ardeur Jean de Calais expliqua-t-il la vive reconnaissance que lui inspirait le sacrifice que Constance avait prétendu lui faire, en lui cachant sa naissance et son rang ! Et quelle joie ne fit-elle pas paraître, de pouvoir partager avec lui les honneurs qui y étaient attachés !

Pour abréger une histoire dont la suite a des événements encore plus surprenants que ce qui vient d'être narré, disons que Constance et Jean de Calais récompensèrent magnifiquement le zèle des habitants de cette ville ; voyant le temps favorable à leur navigation, ils résolurent de s'embarquer pour profiter de la belle saison. Cette charmante famille, composée de Constance, de son époux, de leur fils et de la fidèle Isabelle, abandonna Calais pour aller voir Lisbonne. Toute la ville les accompagna jusqu'à leur bord ; on leur souhaita un bonheur constant et durable. Don Juan fit mettre à la voile, en détestant dans son âme les faveurs dont le ciel comblait son rival en rendant le temps et les vents propices à ses désirs.

Mais il n'eut pas longtemps à se plaindre du sort : le troisième jour de leur navigation, les cieux se couvrirent d'épais nuages, le vent devint furieux, et la mer agitée annonça le plus terrible orage qu'on puisse voir ; la foudre, la tempête et l'impétuosité des flots battaient à la fois et sans relâche cette escadre malheureuse. Jean de Calais mit en œuvre toute son expérience pour garantir le navire qui portait tout ce qu'il avait de plus cher. L'amour qui l'animait paraissait seconder ses soins pour un bien si précieux : mais le traître Don Juan qui l'observait sans cesse, et dont la rage et la jalousie troublaient également le cœur et la raison, le voyant occupé dans le fort de la tempête à observer le temps, prit le sien si justement, que sans pouvoir être vu de personne il vint derrière lui, et le poussa si rudement, qu'il le précipita dans la mer, dont les vagues gonflées l'une sur l'autre le firent bientôt perdre de vue à son barbare homicide.

Cependant le gros temps faisait aller si vite le vaisseau dans lequel étaient Constance et Don Juan, qu'on avait déjà bien fait du chemin sans qu'on s'aperçût que Jean de Calais y manquait. Mais la princesse, toujours attentive à son sort, alarmée de ne le point voir, le demanda, le fit chercher, et chacun s'empressant à la satisfaire, on n'entendit plus que des cris douloureux qui annoncèrent à cette malheureuse épouse qu'on ne le trouvait pas. Il n'est point de termes assez forts pour vous exprimer son désespoir : la tempête ne l'intimide plus, une forte crainte lui donne le courage ; elle vient sur le pont, elle crie, elle appelle son époux, et les profonds abîmes du funeste élément retentissent du son de sa voix. Le perfide Don Juan s'approche et paraît le plus empressé à chercher Jean de Calais ; mais trop sûr de son destin, il lui fait entendre qu'un coup de vent l'a jeté dans la mer.

Quelle affreuse nouvelle pour une femme si passionnée ! Elle s'arrache les cheveux, ses mains meurtrissent son beau visage, la vie lui fait horreur, et pour la terminer, elle cherche à s'élancer dans la mer. Don Juan se met au devant d'elle : Isabelle embrasse ses genoux ; il n'est pas jusqu'au moindre matelot qui ne quitte tout pour s'opposer à son dessein ; mais leurs soins sont inutiles, et sa douleur lui prêtant des forces elle est prête à franchir les obstacles qu'on y met, lorsque Isabelle lui présente son fils, qui, lui tendant les bras, semble la supplier de vivre encore pour lui. Cet objet la saisit, l'étonne, l'arrête ; et sans calmer son désespoir, il lui ôte le courage d'en suivre les mouvements ; et ne pouvant plus supporter les maux qu'elle ressent, elle tombe évanouie dans les bras d'Isabelle.

On profita de cette faiblesse pour l'arracher de cet endroit : Isabelle et Don Juan mirent leurs soins à la faire revenir ; ils y réussirent, mais rien ne put calmer sa douleur. Le nom de Jean de Calais était sans cesse dans sa bouche. Don Juan voulut la consoler : mais la perte de son époux ayant redoublé sa haine pour ce prince, elle ne voulut point l'écouter ; elle lui ordonna même de ne plus se présenter à elle le reste du voyage.

La tempête cessa, la mer devint calme, et ces tristes vaisseaux arrivèrent à Lisbonne sans autre accident. La présence de la princesse répandit une joie universelle dans cette cour ; mais lorsque le roi la reçut dans ses bras, et que ses pleurs et ses sanglots lui eurent appris la perte qu'elle avait faite, il ne put lui refuser des larmes ; ce tendre père partagea sa douleur. Le bruit de ce malheur ne fut pas plus tôt répandu que les grands et le peuple firent de leur part un deuil universel. Le seul Don Juan jouissait d'une secrète joie, espérant que le temps ferait finir les pleurs et l'amour de Constance ; mais pour y parvenir plus vite, il fit tant par des voies souterraines et qui ne pouvaient le trahir, qu'il engagea les peuples du royaume des Algarves à se révolter, sentant bien qu'il aurait le commandement de l'armée pour les remettre dans leur devoir.

Cela ne manqua pas ; le roi lui remit le soin de châtier ces rebelles. Alors, charmé de voir réussir son dessein, il marcha contre les révoltés, qui s'étaient retranchés au bord d'une rivière. Il les attaqua, pénétra dans leurs retranchements, et après un combat de six heures, il remporta une victoire complète ; et poussant plus loin ses conquêtes, il prit toutes leurs villes, et fit punir les autres d'une rébellion qu'il avait fomentée lui-même ; il soumit de nouveau les Algarves au roi de Portugal, et revint à Lisbonne, où les états assemblés lui décernèrent les honneurs du triomphe. Ce n'était pas encore assez pour lui ; il les engagea, par ses intrigues, à demander la princesse en mariage, consentant que son fils régnât après lui.

Cette union était si sortable, que les états l'approuvèrent, et la demandèrent au roi qui, ne pouvant s'opposer à ce qui lui semblait juste, le proposa à la princesse, qui ne put l'entendre sans désespoir. Elle renouvela toute sa douleur, et elle protesta au roi qu'elle se donnerait plutôt la mort que d'épouser un prince qui faisait l'objet de sa haine ; mais l'intérêt de l'État l'emporta sur ses raisons ; il fallut obéir, et le jour fut pris pour la célébration de ce funeste hymen, que le peuple souhaitait avec ardeur. Le même moment fut destiné au triomphe de Don Juan, pour lequel le roi avait ordonné au-dessous du château un feu superbe, disposé par plusieurs compartiments, lequel devait offrir aux yeux un spectacle magnifique et nouveau.

Il s'était écoulé près de deux ans depuis la perte de Jean de Calais, duquel il est temps que nous reparlions. La mer ne lui avait pas été si funeste que Don Juan l'avait espéré. Cet époux infortuné trouva dans les débris de quelque vaisseau qui avait fait naufrage de quoi se garantir de la mort ; il combattit longtemps contre la fureur des eaux, et fut enfin poussé dans une île déserte, où il aborda dans l'état où vous pouvez juger que devait être un homme qui sort d'un semblable péril. Il fit longtemps réflexion sur sa triste aventure ; et malgré la douleur accablante qu'il ressentait de se voir si cruellement séparé de Constance et de son fils, il remercia le ciel de lui avoir sauvé la vie, espérant qu'il trouverait encore par sa bonté les moyens de rejoindre des objets si chers.

Ce fut avec ces pieux sentiments qu'il parcourut cette île d'un bout à l'autre, sans y trouver aucune marque d'habitation. Il n'y vit que de timides animaux, auxquels il fut obligé de déclarer une innocente guerre, pour conserver, dans ces sauvages lieux, des jours que les eaux avaient respectés. Il y vécut de cette sorte les deux années que Constance avait passées à pleurer, sans qu'il vît aucune facilité qui pût lui donner l'espoir de la revoir. Il commençait à s'abandonner à ses douloureuses réflexions, lorsqu'un jour, se promenant sur le bord de la mer, il vit un homme dans l'éloignement, qui lui parut venir droit à lui. La joie s'empara de son cœur ; et voulant jouir au plus tôt d'une vue qui ramenait son espérance et la confiance qu'il avait toujours eue dans les effets de la Providence, il doubla le pas, et l'ayant joint :

— Je me croyais seul dans cette île, lui dit-il en l'abordant, n'ayant jamais remarqué, depuis que j'y suis, nul vestige qui pût me faire connaître qu'il y eût d'autre homme que moi. Je croyais y terminer mes jours malheureux, sans espoir de secours ; mais votre présence fait renaître mes espérances ; et si vous êtes seul avec moi, nous trouverons peut-être ensemble des moyens que je n'ai pu imaginer pour en sortir.
— Il est vrai, lui répondit l'inconnu d'un ton grave, que cette île était inhabitée avant ton abord, et je ne fais moi-même que d'y aborder.
— Comment cela se peut-il ? lui répondit Jean de Calais. Mes yeux ne découvrent aucun navire qui vous ait pu porter.
— Les chemins que j'ai pris, lui dit-il, sont inconnus aux hommes. Je vois, continua-t-il en remarquant l'étonnement de Jean de Calais, que mon discours te surprend ; mais tu seras encore plus surpris lorsque tu sauras que je ne viens ici que pour toi. Je te connais, Jean de Calais, je sais tous tes malheurs et la trahison de Don Juan ; mais sache que ce n'est pas là les seules peines qu'il te prépare ; il est

prêt à épouser ta femme ; elle t'aime toujours tendrement, et quoiqu'elle croie ta mort certaine, elle t'est fidèle. La seule amitié paternelle et les raisons d'État dont on la rend victime l'obligent de donner la main à ce traître : le jour de demain doit éclairer ce fatal hymen, qui sera le dernier de sa vie, si tu ne parais promptement.

— Grand Dieu ! s'écria Jean de Calais, et comment pourrais-je empêcher tant de malheurs, en l'état où je suis ? Hélas ! je supportais avec quelque patience ceux où j'étais plongé ; j'implorais encore le ciel avec quelque confiance ; je me flattais que sa bonté me tirerait d'ici, puisqu'elle m'avait arraché à la mort ; ta vue même avait pimenté cet espoir dans mon âme ; mais ce que tu m'annonces met le comble à mon désespoir. Mon perfide rival sera possesseur de Constance si je ne parais, il n'a plus qu'un jour à passer pour l'être ! Eh ! par quel moyen puis-je paraître ? Le vaisseau le plus léger, le vent le plus favorable me seraient inutiles quand je les aurais ; mon seul recours doit être dans la fin de ma vie.

— Calme tes transports, lui répondit l'inconnu. Je te dis que je ne suis venu ici que pour toi et pour empêcher le mariage et le triomphe de Don Juan ; tu peux connaître ce que je suis par tout ce que je t'ai dit. Ainsi remets ton sort à la disposition divine, rappelle ta vertu, suis-en exactement les lois, et tu sauras un jour par quelle raison le ciel prend soin de ta destinée.

Jean de Calais était si surpris de ce qu'il entendait et de la sûreté avec laquelle cet homme parlait, qu'il doutait s'il était éveillé ; mais faisant réflexion qu'il ne lui pouvait rien arriver de plus cruel que ce qu'on venait de lui annoncer, et qu'il n'était pas en état de démêler le mensonge d'avec la vérité, il résolut de s'abandonner à l'inconnu et lui promit tout ce qu'il voulut. Alors ils s'assirent auprès d'un arbre, et cet extraordinaire compagnon lui conta tout ce qui s'était passé à la cour de Portugal depuis sa prétendue mort, et les efforts que Constance avait faits pour lui garder sa foi. Pendant ce récit, Jean de Calais ne put résister à la violence du sommeil qui vint l'accabler ; malgré l'intérêt qu'il prenait à ce discours, il s'endormit.

Mais quel fut l'excès de son étonnement lorsqu'à son réveil il se trouva dans une des cours du château de Lisbonne ! Il regarda de tous côtés, et bien sûr qu'il ne s'abusait point, il ne douta plus du pouvoir de celui qui l'avait conduit dans ce lieu ; mais son embarras était extrême de ne savoir comment il pourrait s'offrir aux yeux de la princesse ; l'état misérable où il était, ses habits en lambeaux, une barbe proportionnée au temps qu'il y avait qu'il ne prenait point soin de sa personne lui faisaient croire avec justice qu'on ne pourrait le reconnaître. Cependant l'espoir dont il se sentait animé lui fit prendre le parti d'aller dans les cuisines. Un officier qui le vit, touché de compassion, lui permit de s'approcher du feu, et le destina sur-le-champ à porter du bois dans les appartements ; il s'en acquitta exactement, cherchant dans son esprit quel moyen il trouverait pour voir la princesse. Il concevait que les apprêts qu'on faisait étaient pour la fête qui lui devait être fatale, et son cœur gémissait de n'entrevoir nul expédient pour la troubler.

Il était enseveli dans ces tristes réflexions, lorsque le hasard fit descendre Isabelle dans les offices, voulant donner elle-même quelques ordres. Jean de Calais la reconnut et la regarda si attentivement qu'elle ne put s'empêcher d'examiner celui qui avait cette hardiesse ; elle ne put méconnaître des traits si gravés dans son souvenir : la ressemblance de ce malheureux avec Jean de Calais la frappa, elle le parcourut des yeux avec soin ; et les ayant jetés sur ses mains, qu'il affecta de lui faire voir, elle aperçut un diamant à son doigt, qu'elle reconnut pour être le même que Constance avait autrefois donné à ce cher époux, et qu'il avait conservé malgré tous ses malheurs.

Alors ne doutant plus que ce ne fût Jean de Calais lui-même, mais, cachant son trouble, elle remonta dans l'appartement de la princesse, à laquelle elle conta son aventure, en ajoutant qu'elle n'avait osé parler devant tant de témoins à celui qu'elle croyait son époux, craignant de l'exposer dans le misérable état où il était. Constance ne balança pas un moment à cette nouvelle : elle conjura Isabelle de chercher quelque prétexte pour lui faire voir cet homme. Elle y courut, et l'ayant trouvé chargé de bois, elle lui ordonna de le porter dans le cabinet de la princesse. Elle les y attendait avec une impatience extrême. Jean de Calais obéit, posa son bois à l'endroit qu'Isabelle lui marqua ; mais ne voyant personne qui pût le contraindre et la princesse qui le regardait avec attention, il se jeta à ses pieds.

A cette action Constance démêla aisément, sous cet équipage malheureux, l'homme du monde qui lui était le plus cher. Elle pensa expirer de joie ; et se jetant dans ses bras, leurs soupirs, leurs larmes et leurs sanglots furent longtemps les seuls qui exprimèrent les mouvements de leurs cœurs. Isabelle, qui avait eu soin de fermer la porte du cabinet, vint se joindre à eux, et les priant de se calmer, leur fit connaître qu'il ne fallait perdre aucun instant pour avertir le roi du retour de Jean de Calais, afin de rompre l'hymen fatal dont on faisait les apprêts. Ce discours était trop sensé pour n'y pas faire attention. Nos tendres époux interrompirent leurs caresses pour prendre les mesures qui leur étaient nécessaires. Ils résolurent que la princesse enverrait prier le roi de lui faire la grâce de passer dans son appartement pour une affaire qui intéressait l'État et sa gloire ; que le secret qu'elle demandait l'obligeait à le prier de venir seul, afin de n'avoir personne de suspect.

Celui que Constance chargea de ce compliment s'en acquitta si bien, que le roi ne tarda pas à se rendre seul chez la princesse sa fille. Il ne fut pas plus tôt entré dans son cabinet, que cette princesse se jeta à ses pieds, et lui prenant les mains : « Seigneur, lui dit-elle, Jean de Calais est vivant, il est de retour ; rendez-vous ses yeux témoins d'un hymen qui va causer ma mort ? » Le roi de Portugal la releva, et malgré la surprise que lui donna cette nouvelle, il lui jura qu'elle devait tout attendre d'un père qui l'aimait tendrement.

Jean de Calais qui s'était caché parut alors, et mettant un genou à terre : « L'état déplorable où je parais à vos yeux, Seigneur, lui dit-il, vous permettra-t-il de me reconnaître ? » Le roi recula quelques pas, et le reconnaissant : « O ciel ! lui dit-il, en lui tendant les bras, que vois-je ? En croirai-je mes yeux ? Quels malheurs vous ont éloigné de nous ? Quel accident vous a mis comme vous êtes ? Et quel miracle nous rassemble ? »

Jean de Calais lui conta la trahison de Don Juan, son abord dans l'île déserte et l'étrange aventure qui l'en avait fait sortir et rendu à Lisbonne. Le roi sentit toute l'énormité du crime de Don Juan, et jura que ce jour qui devait être celui de son hymen et de son triomphe serait celui de sa mort. On consola Jean de Calais, le pria d'oublier ses infortunes et de se mettre en état de paraître aux yeux de toute la cour ; il embrassa la princesse et rentra dans son appartement, si fortement irrité contre le traître, que l'ayant trouvé qui l'attendait avec grand nombre de seigneurs, il lui dit de le suivre sur l'édifice du feu, pour lui faire remarquer quelque chose qui y manquait. Don Juan le suivit : ils y entrèrent ensemble ; mais le roi le voyant occupé à examiner toutes les différentes espèces de machines, sortit adroitement de ce lieu, et l'y ayant enfermé, il ordonna sur-le-champ qu'on y mît le feu. Ces ordres furent exécutés si promptement, que le perfide fut consumé avant qu'on sût ni le crime ni la punition.

Le roi, à l'instant d'après, manda les états qui étaient encore assemblés, leur exposa la perfidie de Don Juan et son supplice. Tous d'une commune voix approuvèrent sa justice et détestèrent l'action de Don Juan. Alors le roi fit venir Jean de Calais, qui fut reconnu de nouveau et proclamé héritier de l'empire, après la mort du roi, comme étant époux de la princesse, les états déclarant leur fils pour leur successeur. Cet événement singulier remit la joie dans la cour du roi de Portugal, qui fit inviter tous les grands du royaume pour être témoins du bonheur de Jean de Calais et de la princesse, dont l'amour et la joie ne peuvent s'exprimer.

Le jour de ce fameux festin, où chacun ne pensait qu'aux plaisirs, on vit entrer dans le salon qui renfermait cette auguste assemblée un homme dont la taille et l'abord surprirent également. On le regarda longtemps sans rien dire ; mais lui, s'avançant vers Jean de Calais : « Reconnais, lui dit-il, celui qui t'a tiré de l'île déserte et conduit dans ce palais ; c'est moi qui conduisis le corsaire qui enlevait la princesse près de ton vaisseau, où tu l'achetas sans la connaître ni l'avoir vue, et dans le seul dessein de lui rendre la liberté. Apprends par ces expériences combien le ciel chérit les hommes vertueux ; jouis en paix de ton honneur, sois toujours sage, inviolable et modéré ; le ciel ne t'abandonnera jamais ; tu seras véritablement prince, parce que tu devras ce titre à la vertu plutôt qu'aux lois d'une naissance qui ne dépend point de nous et dont on tire peu d'éclat quand la sagesse ne l'accompagne pas. »

Le spectre disparut et laissa l'assemblée dans la joie et l'étonnement de l'heureux dénouement de cette aventure. On célébra avec magnificence l'union de Constance et de Jean de Calais, qui fut ratifiée authentiquement. Ainsi finit l'histoire de Jean de Calais, dont la mémoire ne s'éteindra jamais, par les actions généreuses qu'il a faites pendant sa vie.

« Il vaut mieux tuer le diable que le diable vous tue »,
par Jacques Lagniet (1620-1675)

LE CREUX DU DIABLE :
UNE PORTE VERS L'ENFER ?

La Bourgogne est une des provinces les plus boisées de la France. Le Morvan, le Châtillonnais et le Dijonnais offrent de grandes et belles forêts. La plupart ont leurs merveilleux récits : dans les unes, ce sont des apparitions de fantômes, des assemblées de sorciers et de démons ; dans d'autres, ce sont d'invisibles chasseurs appelant leurs chiens et sonnant du cor.

La forêt de *Velours*, dans le voisinage de Dijon, est, par ses larges avenues, ses grands arbres, ses fourrés épais, une des plus belles de la Bourgogne. C'est le parc du château de Lux. Comme tous les grands bois, son sombre feuillage, ses sourdes rumeurs, entrecoupées de solennels silences, éveillent dans l'âme la terreur et l'effroi. Cette impression redouble à l'approche d'un creux large et profond qui se trouve au milieu de la forêt. Là le site devient plus sauvage, le sol est tourmenté, la végétation est chétive, et, quand on aborde, on entend siffler des reptiles qui se cachent sous les buissons. Le nom de ce lieu est sinistre comme son aspect : il s'appelle le *Creux du Diable*.

Voici sa légende, qui rappelle la ballade du *Chasseur sauvage* de Burger. C'est un jour de Pâques ; le carillon chante l'*Alléluia* dans le beffroi, l'alouette le redit dans les blés, le merle le siffle dans les bois, et le soleil l'écrit en lettres d'or sur le ciel bleu. Tout dans la nature semble avoir pris un air de fête pour célébrer la résurrection du Christ. Dans le village de Lux, les cœurs répondent à cet *Alléluia*, et le bon peuple prend ses habits de fête, pour aller entendre matines et recevoir la communion. En ce jour, Jésus, le Soleil de justice, vient rajeunir les âmes et répandre sur elles un céleste printemps.

Gaston, le seigneur du village, ne comprend rien aux joies pures et intimes que ramène la Pâque chrétienne. C'est un jeune baron, fier, hautain, violent et passionné pour la chasse. Il sonne du cor et crie à ses gens : « Sellez les chevaux et amenez ma meute. » En vain les piqueurs et les varlets lui représentent la solennité du jour et le commandement du Seigneur. « Partons pour la chasse, leur répond-il ; laissons aux femmes et aux prêtres le soin de prier Dieu. Il serait dommage de perdre si magnifique journée. »

Les chevaux sont prêts, et les chiens aboient dans la cour du castel. Au moment où Gaston donne le signal du départ, le vieux chapelain accourt, et saisit le frein de son coursier. « De grâce, monseigneur, s'écrie-t-il, ne faites pas à Dieu pareil outrage, n'imprimez pas à votre âme semblable souillure. » Le violent baron soufflette le vieux prêtre. Celui-ci, tendant le visage, dit avec calme : « Monseigneur, frappez encore ; mais de grâce, pour votre âme, ne manquez pas aujourd'hui le service divin. Si vous le faites, il vous arrivera malheur. » Il repousse brusquement le vieillard, et s'éloigne.

Gaston, suivi de sa meute et de ses gens, traverse la bourgade en sonnant du cor à pleins poumons. Il jette un regard de dédain sur les bons villageois qui le saluent et se rendent à l'église. « Il arrivera malheur à notre sire, murmurent les vieillards ; il est haut et puissant seigneur, mais il insulte et brave plus haut et plus puissant que lui. » Deux grands chemins se croisent à l'entrée de la forêt de *Velours*. Là, deux cavaliers, plus rapides que le vent, arrivent et se placent aux côtés de Gaston.

Celui de droite, monté sur un cheval blanc, a noble et radieux visage ; un regard céleste brille sous sa paupière, et ses vêtements, qui ont l'éclat de la neige, répandent un parfum plus suave que celui de la campagne dans un jour de printemps. Celui de gauche a la figure farouche : son regard lance de sinistres éclairs ; il a le teint basané ; sa chevelure est plus noire que celle du corbeau ; ses vêtements, plus sombres que la nuit, exhalent une forte odeur de soufre ; son coursier est couleur de feu.

— Amis, s'écrie Gaston, soyez les bienvenus ! Vous arrivez fort à propos pour courir avec moi à travers les grands bois. Quelle heureuse journée ! Il n'y a pas au ciel et sur la terre d'amusement comparable à la chasse, surtout quand on est plusieurs.

— Jeune seigneur, dit le cavalier de droite, la cloche vous appelle ; entendez sa voix plaintive qui vous poursuit à travers les arbres. Retournez ; il vous arrivera malheur. Allons nous agenouiller ensemble à l'autel du Christ. Déjà, avant l'aurore, j'ai ouï la messe et chanté l'*Alléluia* ; je le ferai encore volontiers avec vous. Allons, le devoir accompli, le plaisir de la chasse sera plus doux.

— Chassez, chassez, noble baron, reprend le cavalier noir ; n'écoutez point cet importun conseiller. Les fanfares du cor sont plus harmonieuses que le son des cloches, et la chasse vous amusera davantage que les sermons des prêtres et les chants d'église.

— Bien dit, homme de la gauche, s'écrie Gaston. N'en déplaise à ce cavalier blanc, tu es un gai compagnon comme je les aime. A nous autres jeunes seigneurs il faut de joyeux propos et de bruyants ébats ; laissons aux moines leurs sermons et leurs patenôtres.

Tous trois s'enfoncent dans la forêt. Gaston fait détacher ses chiens. Il les caresse du regard, les flatte de la main, les excite de la voix, et les lance à la poursuite du gibier. Ceux-ci flairent le sol. La tête basse, la queue frétillante, ils parcourent la forêt. Ils donnent de la voix ; ils sont sur la piste de la bête fauve. Leurs cris redoublent ; ils approchent de son gîte. Ils se glissent dans un épais fourré ; ils jettent des hurlements furieux ; ils ont découvert un loup de forte taille.

Le féroce animal se dresse : le poil hérissé, l'œil en feu, la gueule menaçante, il essaie d'abord de tenir tête aux limiers. Puis il fuit à travers le grand bois. Il court, cherchant les taillis les plus épais, les gîtes les plus secrets. C'est en vain, la meute ardente est toujours attachée à ses pas. Il gagne la campagne. La chasse le suit : Gaston a sonné du cor et a réuni ses gens. On galope à travers les blés et les buissons, les landes et les prairies.

Le baron arrive près d'un hameau, d'où sort une petite bergère à la tête de ses brebis. Là le chemin est étroit et bordé de haies. L'enfant, tout en pleurs, s'écrie :

— Pitié ! doux seigneurs ; pitié ! épargnez mon troupeau ; de grâce, n'écrasez point les brebis de la veuve et les agneaux du pauvre.
— Pitié ! au nom de votre âme, dit à son tour le cavalier blanc ; ne méprisez pas ces prières et ces larmes ! Elles monteraient vers Dieu et crieraient vengeance contre vous.
— Ecrasez agneaux et brebis, répond le cavalier noir ; cela ne doit point troubler le plaisir d'un jeune seigneur. Faut-il pour si peu laisser échapper la bête fauve ?
— Tu as raison, s'écrie le farouche chasseur.

Il lance son coursier, et entraîne après lui ses piqueurs et ses varlets. Seul, le blanc cavalier se détourne et gémit. La chasse a passé connue un ouragan, laissant après elle la désolation et la mort : des brebis sont tombées sanglantes, des agneaux sont écrasés, et la petite bergère gît sur le sol, broyée comme une fleur des champs.

Le loup fuit toujours. Il franchit les champs et les bois, les collines et les vallées, les coteaux et les montagnes. Rien ne peut l'atteindre. Les limiers tombent de lassitude, et les montures ont peine à porter leurs cavaliers. La chasse arrive dans un val solitaire. Là, près d'une fontaine qui jaillit sous un vieux chêne, s'élèvent une petite chapelle et une chaumière, entourées d'un champ de blé vert. C'est le domaine d'un vieil ermite, dont les jours s'écoulent dans le travail et la prière. Cet anachorète est l'hôtelier du pauvre et le guide du voyageur.

« Noble baron, si vous voulez m'en croire, dit le noir cavalier, nous prendrons ici notre repas ; voici de l'eau pour notre soif et un gras pâturage pour nos coursiers. — Ma foi ! s'écrie le chasseur, tu as là une merveilleuse idée. » Gaston sonne du cor, et réunit sa meute et ses gens. Et, malgré les prières du blanc cavalier et les répugnances des varlets, il fait mettre ses chevaux dans le champ de blé vert.

L'ermite accourt, et dit du ton le plus suppliant : « Pitié ! gracieux seigneur ; épargnez les sueurs d'un vieillard ; ne faites pas dévorer et fouler aux pieds par vos montures le pain du pauvre et du voyageur. — Au diable les ermites et les nonnains ! répond l'orgueilleux chasseur. Retire-toi, être vil et paresseux, si tu ne veux pas servir de pâture à mes chiens. » Le vieillard s'éloigne, triste et épouvanté, murmurant tout bas : « Père, qui êtes dans les cieux, pardonnez à ce jeune homme : votre providence, qui nourrit les oiseaux du ciel et revêt les fleurs des champs, me suffit. »

« Gaston, reprend le blanc cavalier, votre langage est bien dur. Eh ! qui sait si vous ne devez pas à cet homme de vivre encore à cette heure. Déjà, peut-être, votre âme a été pesée plusieurs fois dans la balance de la justice divine, et sans les jeûnes, les veilles et les prières de celui que vous accablez de votre insolent mépris, elle aurait été trouvée trop légère. »

Assis près de la fontaine de l'ermitage, les chasseurs font long et gai repas. Malgré les avis du blanc cavalier, les propos sont impies et licencieux. Le jeune homme méprise les sages conseils de celui qui est à sa droite, et applaudit avec un fou rire aux discours de l'homme noir. C'est l'heure des vêpres, l'ermite sonne la cloche de la chapelle. Ce jour-là, il ne fut pas seul dans le sanctuaire ; le blanc cavalier laissa ses compagnons, et redit avec lui les psaumes et les cantiques. Jamais le solitaire n'entendit voix plus pure et n'eut entretien plus céleste. Les deux serviteurs de Dieu, sortis ensemble de la chapelle, s'arrêtent un instant sur le seuil. Ils regardent. Les chasseurs ont disparu. Le champ de blé vert est ravagé et meurtri comme si la grêle l'eût frappé ; les chevaux de Gaston ont détruit en moins d'une heure le travail d'une année. Le blanc cavalier embrasse l'ermite et se hâte de rejoindre le baron. C'est avec peine que le solitaire le voit s'éloigner. « Quel est, se dit-il, ce beau chasseur ? Son baiser a rempli mon âme de paix et de joie ; je me sentais tout embrasé par sa présence. »

Les chiens ont relancé la bête fauve. Le loup revient sur ses pas : il traverse les monts et les coteaux, les vallées et les collines, le bois, les champs et les prairies. L'ombre des arbres s'allonge, le soleil est descendu à l'horizon. La chasse traverse une seconde fois le hameau. Un pauvre est dans le chemin encore rouge du sang de la bergère ; il attend Gaston, il saisit son manteau et demande l'aumône pour l'amour de Dieu.

— Cher baron, s'écrie le blanc cavalier, c'est un moyen de salut que le Seigneur vous envoie. De grâce, rachetez vos péchés par l'aumône ; elle est comme l'eau qui éteint le feu. Assistez le représentant de Jésus.
— Gaston, crie à son tour le cavalier noir, allez-vous pour ce manant ralentir votre course et perdre l'occasion de frapper la bête fauve ?... Galopons ! galopons !
— Voilà mon aumône ! dit le féroce seigneur, en faisant bondir son cheval et en lançant un coup de fouet au visage du pauvre.

Le mendiant jette un cri et essuie sa face sanglante. Le loup et la chasse rentrent dans la forêt de *Velours*. L'animal est infatigable; il brave chiens et piqueurs, coursiers, seigneurs et varlets. Le soleil s'est couché derrière les grands arbres. Les ténèbres de la nuit se mêlent aux ombres de la forêt. C'est l'heure favorable aux sérieuses pensées.

— Ami, dit à Gaston le blanc cavalier, la journée a été mauvaise : vous avez méprisé Dieu, souffleté son ministre, écrasé la bergère et son troupeau ; vous avez ravagé le champ de l'ermite et frappé le visage du pauvre. Croyez-moi, jetez un regard suppliant vers le ciel, et poussez un cri de repentir vers Dieu.

— Peccadilles que tout cela, répond en ricanant le chasseur. J'ai le temps de penser à mon âme. Quand je ne pourrai plus courir les grands bois, je veux porter la haire, faire largesse aux moines et aux mendiants, fréquenter les églises et marmotter psaumes et rosaires. Mais, auparavant, je veux user gaiement de la vie.

— Gaston, la vie de l'homme est courte et fragile ; elle lui est donnée non pour être dépensée en folies, mais pour acheter le ciel. Je vous en conjure, au nom de votre âme, criez à Dieu merci !

— Quel ennuyeux compagnon ! qu'il soit en paradis !... s'écrie le jeune seigneur, irrité à la fois par ces instances et l'insuccès de la journée.

— Adieu Gaston, murmure le cavalier blanc. Pourquoi n'avez-vous point écouté celui qui voulait vous sauver ?

En disant ces mots, il essuie une larme, étend deux ailes blanches et prend son essor vers les cieux, laissant après lui un sillon de lumière. Le chasseur comprend que son bon ange l'a quitté. Il regarde à sa gauche. Un frisson d'effroi parcourt ses membres, et la sueur de la mort couvre son visage : l'homme noir étend ses bras et le saisit. Il se sent transpercé par des griffes plus acérées que celles du vautour, plus puissantes que celles du lion. Il rugit de douleur et d'épouvante : il est tellement éperdu, qu'il n'a pas même la pensée de crier vers Dieu, de se signer et d'invoquer Jésus.

Le cavalier noir, tenant sa proie, frappe la terre de sa lance. Le sol gémit et s'entrouvre, laissant échapper un immense tourbillon de fumée. Une mer de feu bouillonne au fond d'un gouffre béant, et ses vagues brûlantes roulent d'infernales multitudes, dont on distingue les lamentations, les cris et les blasphèmes. Des flammes vertes, rouges et bleues, s'élèvent de l'abîme ; elles s'agitent vengeresses autour du criminel chasseur ; elles se tordent et sifflent comme des serpents de feu.

— Gaston, dit le cavalier noir en lançant son coursier dans le bouillant cratère ; Gaston, tu m'as écouté pendant ta vie, tu m'appartiendras durant l'éternité.

— Malheur à moi, s'écrie le réprouvé, j'ai méconnu le jour du Seigneur et les conseils du bon ange !...

Et l'abîme se referme, en formant une hideuse et sinistre cavité : c'est le *Creux du Diable*.

Le champion du tournoi

L'ARMURE ENCHANTÉE : GAGE D'INVINCIBILITÉ ?

Par une belle journée de l'an 12.., deux cavaliers cheminaient silencieusement à travers la gorge de montagnes que la Sorgue arrose de ses eaux.

Le plus jeune appartenait évidemment à une classe élevée : son manteau blasonné et ses éperons annonçaient que c'était un chevalier. Pourtant ses vêtements étaient plus que simples, ils étaient presque pauvres ; sur ses traits, habituellement tristes, mais alors animés d'une joie sereine, on lisait cet âge où tous les rêves sont des réalités, âge heureux où l'on jouit avec ardeur de ces illusions de la vie, amour, gloire, bonheur, que le temps doit flétrir si vite. A cet air joyeux se joignait l'impatience d'un homme qui a hâte d'annoncer une heureuse nouvelle. Aussi, malgré le mauvais état des sentiers pierreux qu'il parcourait, pressait-il de la voix et de l'éperon le généreux palefroi sur lequel il était monté. Le noble animal semblait comprendre cette ardeur, et l'on pouvait voir à l'affection que lui témoignait son maître qu'il était le plus précieux des biens de celui-ci.

L'autre voyageur, vieillard appesanti par l'âge et de longs services, suivait d'un peu loin le jeune homme ; il secouait tristement la tête, comme s'il avait deviné les rêves dont se berçait intérieurement son maître, et qu'il les eût pris en pitié.

Arrivé au pied du sombre et vaste château de Saint-Félix, siège d'une commanderie de Malte, le chevalier se détourna brusquement à droite, et, traversant la rivière à gué, il se mit à gravir la montagne par une pente raide et escarpée. Cette détermination parut vivement contrarier le vieux serviteur : il secoua de nouveau la tête, et grommela quelques paroles qui pouvaient se traduire par celles-ci : « Il y a du nouveau aujourd'hui ; notre jeune maître, qui ne rentrait jamais au logis que lentement et plongé dans d'amères réflexions, est livré à une joie qui éclate dans toute sa personne. Pour la première fois, il passe dans ces lieux sans aller saluer le vieux commandeur ; il n'y manquait jamais autrefois. Ah ! je m'y connais, moi ; il y a de l'amour là-dessous. » Et continuant à se parler à lui-même et à faire des doléances sur l'inexpérience de la jeunesse, il s'élança avec une ardeur toute juvénile sur les pas du chevalier ; car il semblait suivre tous ses mouvements avec une affection presque paternelle. Puis, lorsqu'il l'eût rejoint, il se retourna plusieurs fois vers le village de Saint-Félix, regrettant surtout l'oubli de la visite au commandeur, car c'était une station qui plaisait singulièrement au vieux domestique ; à son teint passablement rubicond, on pouvait juger quels charmes cette halte pouvait avoir pour lui.

Cependant la montée était devenue extrêmement pénible, et malgré la contrariété qu'il en éprouvait, le chevalier avait été forcé de ralentir le pas ; il laissa tomber les rênes de son cheval, et, pour tromper son impatience, adressa la parole à son vieil écuyer.

— Marcel, lui dit-il, je partirai demain soir pour assister au tournoi qui se donne à Severac ; tu m'accompagneras.

— Monseigneur sait que je suis prêt à le suivre partout. Je n'ai plus la vigueur que j'avais lorsque votre père me prit à la Terre-Sainte, et lorsque j'eus le bonheur de le défendre contre un Sarrasin prêt à le tuer ; aujourd'hui le pauvre Marcel ne peut plus grand'chose pour son maître, mais tant qu'il aura la force de conduire un cheval, il le suivra, dut-il encore s'acheminer avec lui vers la Terre-Sainte.

— Oh ! je sais que tu es un brave et fidèle serviteur, dit le jeune homme ; quelle qu'ait été ma destinée, je t'ai toujours trouvé à côté de moi ; tu n'as pas abandonné ton maître quand la fortune l'a abandonné. Mais, reprit-il aussitôt, bien des choses changeront, je l'espère ; de meilleurs jours se lèveront. Que ne suis-je déjà à ce tournoi !

— Monseigneur prendra-t-il pour s'y rendre l'armure de son père ?

— Mais, sans doute ; et, d'ailleurs, en ai-je une autre ?

— On pourrait en trouver une.

— Et pourquoi ? N'est-elle pas d'une solidité à l'épreuve ?

— Sans doute , sans doute, Monseigneur, et j'ai vu moi-même les lances voler sur elle en éclats sans y laisser de traces ; et cependant, si j'ose le dire, à votre place je ne m'en servirais pas.

— Mon père s'en est longtemps servi, et me l'a léguée comme la meilleure armure de toute notre province.

— Oh ! reprit le vieux serviteur, ce n'est pas l'habileté qui manque aux ouvriers qui l'ont faite ; mais si elle défend bien le corps, elle livre l'âme à Satan ; car, voyez-vous bien, Monseigneur, je ne puis m'empêcher de croire qu'elle est sortie des ateliers du diable.

Le jeune chevalier ne put retenir un grand éclat de rire.

— Oh ! vous riez, Monseigneur, dit Marcel. Voilà comme sont les jeunes gens : ils ne veulent pas croire à qui a de l'expérience. J'étais à la Terre-Sainte, moi, lorsqu'un chef sarrasin, à qui votre père avait fait grâce de la vie, lui envoya cette armure, en lui disant que celui qui la porterait serait invincible. Or, les Sarrasins ne sont pas des hommes comme les autres, et tout ce qui vient d'eux se fabrique chez Monseigneur Satan ; car notre curé nous a dit que c'étaient des diables revêtus d'une forme humaine. Et puis, je l'ai bien vu, moi, dans les combats où votre père portait cette armure, elle jetait des flammes, et les traits lancés contre elle se retournaient avant de la toucher. Et croyez-vous que si elle n'avait pas passé par un feu surnaturel, elle aurait la propriété d'être inaccessible à la rouille, quand même elle resterait pendant des années exposée à l'humidité ? Ah ! je ne voudrais pas m'en servir, Monseigneur.

— Allons donc, mon vieux Marcel, c'est là une bien belle histoire à conter à la veillée ; mais ici, nous sommes en plein air, et nous n'avons pas de temps à perdre.

Ils venaient d'atteindre le haut de la montagne. Les voyageurs pressèrent leurs chevaux, et ayant traversé rapidement une plaine nue et sans arbres, ils arrivèrent bientôt dans le délicieux vallon où l'abbaye de Sylvanès élevait au milieu d'une vaste prairie sa jolie église et son clocher roman. Après avoir suivi quelque temps les bords de la petite rivière qui baigne les murs de l'abbaye, ils se trouvèrent en face du château de Fayet, qui paraissait être le terme de leur course.

Le château de Fayet est assis dans une très belle vallée, au confluent de deux petites rivières ; placé à égale distance de l'une et de l'autre, il n'en est séparé que par un charmant tapis de verdure. De beaux bois de châtaigniers, arbres séculaires, couvrent le versant des montagnes opposées au château. Ce lieu n'a pas l'aspect sévère des autres vallons du Rouergue ; les rochers ne s'y étalent pas dans toute leur âpre nudité ; l'eau, qui circule partout, donne à la végétation une force et une fraîcheur que l'on ne trouve pas sur les plateaux environnants. Le village de Fayet, qui s'étend à l'aise sur une pente large et peu rapide, n'accuse pas la misère qui se montre dans tous les villages de ces pauvres montagnes ; entouré de terres assez fertiles et occupé par une population industrieuse, il est un centre, une espèce de petite capitale, et il peut passer pour un bourg. Une large et belle avenue, plantée de tilleuls élevés, conduit au château.

Construction lourde et inélégante de la fin du seizième siècle, il offre un vaste carré formé par un corps de logis et deux ailes que réunit une terrasse élevée à la hauteur du premier étage, et parallèle au corps de logis. La Révolution a découronné ses tours au nom de l'égalité, comme s'il était plus contraire à l'égalité de voir deux pignons pointus, en forme de poivrières, s'élever au-dessus d'un pauvre château de province, que de voir l'équipage fastueux de l'oisif qui a cent mille livres de rentes éclabousser dans la rue l'homme laborieux qui gagne tout au plus de quoi donner du pain à ses enfants.

Lorsqu'on entre dans l'intérieur du château de Fayet, on y remarque encore aujourd'hui des restes d'une antique splendeur. Des plafonds et des lambris peints et dorés, quelques restes de tentures de soie, des boiseries d'un travail remarquable, et dans la salle d'armes, nombre d'armures, de casques, de fusils de rempart, et jusqu'à une petite couleuvrine, annoncent assez quel fut son éclat et même son importance militaire dans le temps peu éloigné de nous où il était le chef-lieu du marquisat de Brusques, appartenant à la noble maison de Biron.

Dans le château, tel qu'il existe aujourd'hui, il reste très peu de chose des anciennes constructions de celui qui s'élevait à la même place à l'époque à laquelle se rapporte notre histoire, c'est-à-dire au commencement du treizième siècle. C'était alors une masse énorme de bâtiments disposés sans aucune symétrie, avec de petites fenêtres cintrées, placées irrégulièrement ; trois tours de grosseur inégale, crénelées, comme tout le château, et surmontées de toits excessivement pointus ; une quatrième tour, carrée, plus grosse que les trois autres, terminée en terrasse crénelée, formait un corps avancé au milieu de la principale façade, et c'était dans le bas de cette tour que s'ouvrait la grande porte du château, devant laquelle s'abaissait le seul pont-levis sur lequel on pût traverser les fossés qui l'entouraient alors de toutes parts, et qui furent comblés depuis pour former des jardins. D'énormes mâchicoulis avançaient au-dessus de la porte, et en rendaient l'entrée difficile à ceux même qui seraient parvenus à franchir le fossé.

Du côté du village, on ne pouvait arriver au pont-levis qu'en traversant une tourelle isolée, qui, comme une sentinelle avancée, semblait veiller à la garde du château. Quoiqu'il fût encore en très bon état, et susceptible d'être fort bien défendu dans ces temps où les moyens d'attaque étaient si bornés, on s'apercevait cependant que la vie n'était plus là ; on pressentait, à la première vue, et avant même d'avoir pénétré à l'intérieur, qu'il renfermait le deuil, et que le seul hôte qu'on y connût était le malheur ; on voyait que ce château ne se conservait plus que par la solidité de sa construction, mais qu'une main vigilante n'était plus là pour l'entretenir chaque jour. Le pont-levis, toujours baissé, ne jouait plus sur ses gonds rouillés ; la cour intérieure ne ressemblait pas mal à une mauvaise prairie ; point de nombreux serviteurs à l'entour, point de ces bruits d'armes ou de meutes qui retentissaient toujours à cette époque dans les châteaux de cette importance.

A l'intérieur, tout inspirait un indicible sentiment de tristesse ; partout on rencontrait les restes d'une prospérité qui n'était plus, mêlés aux traces non équivoques de la misère présente. Dans une salle dont les murs étaient couverts de tapisseries usées, se trouvait une femme sur la figure de laquelle les chagrins se lisaient encore plus que les années ; le deuil de son âme paraissait plus sombre que celui de ses vêtements ; elle était assise sur un fauteuil en bois sculpté, surmonté d'un dais. Dans une profonde embrasure, auprès d'un prie-dieu merveilleusement ciselé, la noble châtelaine (car c'était elle) lisait, dans un grand livre relié en velours noir et orné de fermoirs en cuivre, des prières, auxquelles répondait une jeune fille agenouillée à côté d'elle.

Ces deux femmes paraissaient être les seuls habitants du château, lorsque le bruit d'un cheval, qui arrive d'un pas rapide et s'arrête tout-à-coup, se fit entendre dans la cour. « Voyez si c'est mon fils, dit la dame, levant les yeux de dessus son grand livre. La suivante alla regarder par la croisée, et annonça à sa maîtresse que le sire de Fayet venait d'arriver. — C'est bien, mon enfant ; vous pouvez me laisser. »

Cependant le jeune chevalier avait remis son cheval entre les mains du fidèle Marcel, et, après avoir gravi l'escalier tournant qui occupait une des tours, il venait d'entrer dans une salle bien nue et bien délabrée et toute remplie d'antiques portraits de famille. Il s'arrêta un moment devant ces portraits qui semblaient, en le rappelant au souvenir de sa triste position, faire un douloureux contrepoids aux espérances dont il se berçait. Ces portraits lui représentaient, en effet, d'une manière assez exacte tout ce qui lui restait de l'héritage de ses pères ; des traditions d'honneur, des modèles de courage et de vertu, et des souvenirs d'une grande existence, toutes choses qui, malgré ce qu'on peut dire de la différence des temps, ne menaient pas plus loin au treizième siècle qu'elles ne pourraient faire au dix-neuvième.

Après quelques minutes d'attente respectueuse, Henri souleva une lourde tapisserie qui masquait une porte, et il se trouva en face de la comtesse sa mère. Il s'avança pour la saluer, le cœur léger et content. La noble comtesse parut comprendre la cause de la joie qui rayonnait sur son front, et, la première, elle prit la parole. « Eh bien ! mon fils, vous venez encore du château de Creyssels ? » Le ton d'inquiétude et presque de reproche avec lequel furent dites ces paroles produisit une sensation douloureuse sur le cœur du jeune homme. La joie rentra au fond de son âme ; toutes ses espérances venaient de s'évanouir. Qui n'a pas ressenti cet état pénible de l'âme, lorsque l'enthousiasme qui la domine vient se heurter à une raison froide et sévère ? Le jeune chevalier venait de l'éprouver, et il lui fallut quelque temps pour se décider à répondre.

— Est-ce un reproche que vous m'adressez ? N'est-ce pas vous-même, ma mère, qui m'encouragiez autrefois dans mes desseins ? Vous ne blâmiez pas alors ma passion naissante pour la jeune Isabelle ; vous-même, vous aviez vu se former avec plaisir l'inclination la plus légitime et la plus pure, et vous appeliez de vos vœux le jour où je m'unirais par les serments les plus sacrés à celle que vous-même m'aviez destinée.

— Hélas ! mon fils, ce que vous dites n'est que trop vrai, reprit la comtesse. Aussi, je ne vous fais pas de reproches ; les reproches doivent être pour moi, qui me suis trompée dans mon amour de mère, qui vous ai inspiré des passions ambitieuses que vous ne deviez pas concevoir, qui ai fait germer dans votre cœur des espérances qui ne pouvaient se réaliser. Mais si j'ai quelques reproches à me faire, n'en aurais-je pas de plus grands encore si je vous laissais suivre une voie où vous ne pouvez trouver que de nouvelles douleurs, au lieu de vous en détourner lorsque peut-être il en est temps encore. Les liens qui unissaient votre famille à la noble maison de Creyssels, l'amitié qui existait entre votre père et le vicomte de Creyssels, m'avaient fait concevoir la pensée de cette union, qui m'eût comblée de joie ; la jeune Isabelle possédait toutes les vertus que je puis désirer dans l'épouse de mon fils. Mais, vous le savez, depuis la mort du vicomte, son père, toutes nos espérances ont été détruites ; restée sous la dépendance d'une marâtre impitoyable et qui déteste votre famille, Isabelle va bientôt peut-être donner sa main à votre plus mortel ennemi.

— A Hugues de San-Venza ! ma mère ; oh ! non, non, il n'en sera pas ainsi ! Isabelle ne saurait lui appartenir. Écoutez, ma mère. Sûr du consentement que le vicomte Richard m'avait donné avant sa mort, j'ai cru pouvoir mépriser les ordres d'une injuste marâtre, et aujourd'hui même, à son insu, j'ai pu voir Isabelle : elle ne cédera pas à la tyrannie qu'on fait peser sur elle ; elle méprise et déteste Hugues de San-Venza, ce chevalier félon dont tout l'honneur est dans la force de son bras, et qui a rempli notre pays du bruit de ses rapines et de ses cruautés. Isabelle m'aime autant qu'elle le déteste, et, fidèle à son amour et à la volonté de son père, elle ne sera jamais à d'autre qu'à moi.

— Pauvre enfant ! dit la châtelaine , qu'est-ce que l'amour d'une jeune fille appuyé sur la volonté d'un homme qui n'est plus ? Que pourra Isabelle contre la force, et du fond de la tombe que pourra son noble et loyal père pour la défendre ?

— Eh bien ! si son père n'est plus là pour la défendre, ce sera moi, à qui elle fut léguée, qui prendrai ce soin, et dans ce combat entre la force et la faiblesse, entre le crime heureux et puissant et l'amour faible, mais plein de foi et d'énergie, je ferai peut-être pencher la balance du côté de la faiblesse et de l'amour.

— Qui ? vous, mon fils, vous espérez être plus fort que Hugues de San-Venza ! Vous, à qui une femme a défendu l'approche du château de Creyssels, vous irez demander votre fiancée à votre superbe ennemi ! Et où sont vos vassaux, vos serviteurs ? Vous ne pouvez rien, vous, pauvre enfant, qui n'avez que votre épée pour tout héritage, et qui demain peut-être n'aurez pas un toit où abriter votre tête.

— Et pourtant, ma mère, fort de la justice de ma cause, je mesurerai mon épée contre celle de Hugues, et cela, dans deux jours seulement.

— Que dites-vous, mon fils ?

— Je dis que malgré le désir de la vicomtesse de Creyssels, Hugues n'a pu obtenir la main d'Isabelle, le comte de Rodez, son tuteur naturel, n'ayant osé la lui donner contre la volonté formellement exprimée de son père ; mais il a ordonné qu'un tournoi, où se rendraient tous les prétendants à la main d'Isabelle, aurait lieu au château de Severac, et que le vainqueur, pour prix de sa vaillance, deviendrait son heureux époux.

— Et vous comptez vous rendre au tournoi ?

— Pourrais-je y manquer sans forfaire à l'honneur et à l'amour ? Isabelle a ma parole.

— Mais c'est une insigne folie ; vous mesurer contre cet homme aux formes athlétiques, c'est courir à une défaite honteuse.

— Honteuse ! non, non, ma mère ; la honte serait de reculer devant le combat. Je puis être vaincu, mais aucun de mes ancêtres ne m'a enseigné à refuser une lutte, même inégale ; et puis, si je dois renoncer à Isabelle, pourquoi voudrais-je continuer à traîner une vie misérable ? Vivre pour maudire l'existence, est-ce un sort à désirer ?

— Mon fils ! dit la comtesse ; et les larmes coupèrent sa voix.

— Ma mère ! dit le sire de Fayet, se jetant à ses pieds, éloignez ces idées funestes. Je le sens au courage qui m'anime, ce tournoi sera la fin de nos malheurs ; je reviendrai à vos pieds vainqueur du combat, et dans peu de jours, vous-même unirez à votre fils celle que vous lui avez destinée.

La comtesse fit un effort pour surmonter les funestes pressentiments qui l'agitaient, et voyant qu'il serait inutile de vouloir enchaîner son ardeur : « Courage donc, sire de Fayet, lui dit-elle ; souvenez-vous de votre nom, et faites noblement votre devoir là où l'honneur vous envoie. » Puis, après un moment de silence :

— Mon fils , avez-vous le dessein de vous servir au tournoi de l'armure que vous a léguée votre père ?

— Sans doute, reprit le chevalier ; vous savez que dans l'état où se trouve notre fortune, je n'ai pas le choix entre plusieurs ; et, d'ailleurs, mon père s'en est toujours bien trouvé, et en mourant il m'a recommandé, quelle que fût la position dans laquelle je pourrais être, de ne jamais m'en séparer.

— Et je ne vous blâme pas, mon fils, d'avoir rempli le dernier vœu d'un père mourant ; mais je ne puis me défendre d'un effroi secret chaque fois que je vous vois endosser cette armure. Il y a, vous le savez, une histoire de Sarrasin sous ce talisman, qui ne me laisse pas l'âme en repos.

— Contes à l'usage du peuple que tout cela, dit le sire de Fayet, bavardages du vieux Marcel. Cette armure était d'une trempe si excellente, qu'on lui a donné une origine surnaturelle.

— Je désire qu'il en soit ainsi que vous le dites.

La noble dame se retira pour vaquer à ses occupations ordinaires, qui consistaient à visiter les pauvres et les malheureux de son village, à porter des consolations à ceux qui étaient dans la douleur, du soulagement à ceux qui souffraient, des remèdes aux malades, du pain à ceux qui n'en avaient pas. Pauvre elle-même et privée des grands biens qui avaient jadis appartenu à la maison de Fayet, elle savait encore faire bénir son nom par de nombreux bienfaits dans ce village, dont tous les habitants la regardaient comme une mère ou comme une seconde Providence. Quant à son fils, après être resté quelques instants plongé dans de pénibles réflexions, il rentra dans la salle où étaient les portraits de ses ancêtres, la parcourut avec agitation, puis courut s'enfermer avec Marcel pour terminer les apprêts du tournoi, duquel dépendaient son avenir et sa vie.

Malgré l'enthousiasme qui l'avait soutenu dans sa conversation avec sa mère, il s'en fallait bien que le sire de Fayet fût une nature forte, organisée pour les hasards des combats. Ce désir de gloire et cette ardeur martiale qu'il venait de laisser paraître étaient choses toutes factices en lui ; d'une organisation frêle, d'une complexion délicate, le sire de Fayet portait dans un corps faible une âme faible aussi, et qui n'avait point été trempée par une forte éducation. Si son noble père eût vécu, il aurait reçu cette éducation sévère et toute martiale qui se donnait alors dans les châteaux de la féodalité, éducation qui, développant à la fois l'âme et le corps, formait ces hommes aux passions mâles, au cœur élevé, aux actions grandes comme leur cœur et leurs passions ; mais, comme nous le dirons bientôt, il s'énerva de bonne heure dans une éducation féminine, il s'étiola sous les caresses d'une mère.

Toutefois, l'amour, qui produit de si grandes choses, avait éveillé en lui une fibre que son éducation n'avait jamais fait vibrer, le désir de la gloire ; de là ces élans d'enthousiasme qui venaient quelquefois s'allumer dans son cœur, surtout lorsqu'il était encore sous l'impression des paroles de sa jeune et belle fiancée. Mais, comme dans toutes les âmes faibles, l'impression du moment passée, son enthousiasme tombait par degrés ; les difficultés grandissaient devant lui, les obstacles se dressaient comme des géants devant son imagination, et il descendait aux luttes pénibles de l'irrésolution, ce tyran des âmes qui ne savent pas vouloir et qui abdiquent leur volonté entre les mains des événements, se reposant sur eux du soin de décider leur avenir. C'est ce qui arriva au jeune comte après son entretien avec sa mère ; il y avait épuisé tout ce que son enthousiasme lui prêtait de force, il n'en trouva plus contre sa propre faiblesse.

Il n'y avait pas chez lui manque de courage, et cependant il en vint à se représenter le redoutable baron de San-Venza d'après les idées du peuple, comme un être doué d'une puissance surnaturelle, et contre lequel il était insensé de se mesurer. Son adversaire était devenu un géant pour lui. Son amour le soutenait encore ; mais il fallut qu'une puissance bien grande, même dans les âmes les plus faibles, l'orgueil, vînt à son secours pour soutenir son courage. En considérant les portraits de ses pères, il lui semblait que le nom qu'eux lui avaient laissé, grand et honoré, il allait le faire plus grand et plus honoré encore pour ceux qui viendraient après lui. Eux, n'avaient pas connu ces douleurs du dénuement, et presque ces angoisses de la misère, dont il se voyait chaque jour menacé ; leur richesse les avait toujours soutenus à leur rang. Mais lui, il avait à refaire tout l'édifice de sa fortune, il avait à reconstruire sa maison, à en être le nouveau fondateur. Pour cela, il n'avait qu'une épée, et à la pointe de cette épée il fallait tout conquérir. Il était impossible que de telles pensées ne produisissent pas dans une âme, même plus faible que la sienne, une sorte de commotion électrique ; l'enthousiasme rentra en lui.

La maison de Fayet était une des plus nobles et des plus anciennes de la province du Rouergue ; elle possédait de grands biens, des terres considérables, plusieurs châteaux, de nombreux vassaux : c'était une maison puissante et considérée. Le dernier comte, cédant à cet entraînement qui poussait vers la Terre-Sainte les plus nobles et les plus illustres chevaliers, et à la vanité de s'y rendre avec une nombreuse suite de vassaux, se vit obligé d'engager une partie de ses biens pour subvenir à ses dépenses pendant la guerre sainte. Si les uns se ruinaient par ces pieuses entreprises, d'autres trouvaient le moyen de s'y enrichir. Non loin de Fayet, habitait, dans un château admirablement fortifié par la nature, le baron de San-Venza.

Homme dur et cruel, il avait dans tout le pays une réputation qui n'était pas usurpée ; sans foi et sans mœurs, il était la terreur de la contrée dans ces siècles où l'autorité souveraine, incertaine et flottante, ne pouvait couvrir le peuple d'une protection efficace contre les entreprises sans cesse renouvelées de petits seigneurs, devenus, dans leurs châteaux inaccessibles, des voleurs de grand chemin. Le soir, à la veillée, on se racontait tout bas des histoires affreuses du château de San-Venza ; on parlait de nombreuses victimes qui avaient trouvé le meurtre assis à la table de l'hospitalité, et il était un objet de terreur pour tous les voyageurs, comme ces plages qui semblent inviter le navigateur au repos, et qui sont semées d'écueils, sur lesquels une imprudente sécurité trouverait le naufrage et la mort.

Le baron de San-Venza ne s'amusait pas à aller guerroyer contre les Sarrasins ; mais, sans doute pour participer à cette bonne œuvre, il consentit à prêter au sire de Fayet une somme d'argent, moyennant l'engagement de ses biens. A peine celui-ci fut-il parti pour la croisade, que le baron de San-Venza s'empara de tous les biens engagés ; il ne laissa que le château. En vain, le légitime propriétaire les revendiqua-t-il à son retour, son rival prétendit qu'ils lui avaient été engagés pour une somme plus considérable que celle qu'il avait réellement prêtée, et que tous lui appartenaient. Le comte de Fayet était revenu seul, sans argent ; il se trouvait, par l'usurpation de San-Venza, dépouillé de tout. Son adversaire, au contraire, était riche, puissant ; il triompha.

Il n'eut cependant pas le temps de consommer la ruine de son malheureux adversaire. Cette terrible puissance qui frappe alternativement à la porte du château et de la chaumière, la mort, vint surprendre le baron de San-Venza, et l'arrêta dans la carrière du crime. Suivant le bruit répandu alors dans le peuple, des crimes affreux auraient été vengés par un crime qui les surpassait tous, et la main d'un fils aurait tranché les jours de celui à qui tant d'orphelins pouvaient demander leur père.

Quoi qu'il en soit de ces soupçons, ce fut au milieu d'une de ces scènes de débauche, si fréquentes au château de San-Venza, que le baron fut saisi de douleurs subites ; la coupe qu'il venait de vider s'échappa de ses mains ; un mouvement convulsif, rapide comme un éclair, le fit osciller sur son siège ; puis il tomba pour ne plus se relever. Tous les convives alarmés s'empressaient pour secourir leur hôte, quand Hugues de San-Venza s'écria : « Quel sujet d'alarme y a-t-il donc ? Vous vous effrayez de ce que mon noble père est moins vaillant que de coutume dans nos combats bachiques ; eh ! les armes sont journalières, il prendra sa revanche une autre fois. A la santé de mon père, messeigneurs ! » Et il vida sa coupe d'un trait. L'orgie continua ; elle se prolongea encore bien avant dans la nuit. Mais lorsque les convives furent presque tous plongés dans le sommeil de l'ivresse et que les varlets voulurent transporter le baron dans son appartement, ils n'y portèrent qu'un cadavre.

Hugues, qui venait d'hériter des biens, des titres et du nom du baron de San-Venza, avait à peine vingt ans ; mais il était depuis longtemps aussi connu que son père par ses désordres et ses crimes ; on le redoutait encore plus que lui, et à peine fut-il devenu maître de ses biens, qu'il ne justifia que trop pleinement les craintes qu'il inspirait. On ne le vit jamais reculer devant une mauvaise action, et lorsque, pour satisfaire son ambition ou sa cupidité, sa luxure ou son avarice, il ne lui fallait que commettre un crime, quelque atroce qu'il pût être, il ne recula jamais. Il passait dans toute la contrée pour s'être donné au diable ; on l'avait souvent vu se rendre, la nuit, dans une grotte située sur les bords du Tarn. Nul n'avait eu l'audace de le suivre en ce lieu, qui était réputé le rendez-vous de tous les esprits infernaux ; mais on assurait qu'il y avait avec eux des conférences nocturnes. On racontait qu'un loup, d'une taille gigantesque et d'une férocité peu commune, parcourait souvent le pays, et y faisait de grands ravages, et que ce loup, d'une espèce tout à fait inconnue, n'était autre que le sire de San-Venza, à qui les *esprits* avaient accordé le pouvoir de se transformer à sa volonté.

A peu près dans le même temps que mourait le baron de San-Venza, mourait aussi le comte de Fayet, ne laissant à un enfant, à peine âgé de huit ans, qu'un nom honorable, mais une fortune détruite et un avenir d'autant plus triste que le passé avait été plus brillant. A son lit de mort, le comte de Fayet adressa à cet enfant ses dernières instructions : il lui recommanda d'imiter les vertus de ses ancêtres, leur courage, leur loyauté ; il lui dit que sa pauvreté ne serait pas une tache pour son écusson, mais que l'oubli de ses devoirs en serait une indélébile ; il finit par lui recommander de ne jamais se défaire d'une armure qu'il avait rapportée de la Terre-Sainte, et de la conserver comme un souvenir de son père. Après lui avoir donné ces instructions, il le recommanda à son ami et son frère d'armes le commandeur de Saint-Félix, qui était venu assister à ses derniers moments.

Lorsque les devoirs funèbres eurent été rendus au comte, le commandeur de Saint-Félix offrit de se charger du jeune fils, et de le faire élever dans son château suivant sa condition. Ce ne fut pas sans une vive douleur que la dame de Fayet se sépara de cet enfant, qui, dans l'abandon où elle était, devenait sa seule consolation ; son cœur maternel en fit cependant le courageux sacrifice, et le château de Saint-Félix vit s'accroître la troupe peu nombreuse, mais bruyante, des enfants de noble famille que l'on destinait de bonne heure à la milice de Malte, et qui étaient élevés sous les yeux du commandeur. Ce fut avec eux que devait être placé le sire de Fayet ; là il aurait reçu l'éducation qui convenait à son rang et à son nom, celle d'un chevalier.

Malheureusement pour lui, il ne fit au château de Saint-Félix que de rares séjours. À une très petite distance de la commanderie, mais en s'éloignant un peu de la rivière pour entrer dans une petite gorge dont les pentes sont encore couvertes de beaux bois, se trouve l'antique abbaye de Nonnenque. Asile autrefois des nobles prières et des nobles douleurs, Nonnenque était un de ces monastères où l'on ne laissait s'élever vers Dieu que des mains bien blanches et des voix aristocratiques, où l'on n'était admis à prier le Dieu mort pour tous qu'après avoir fait preuve d'une douzaine de quartiers, et où nulle femme ne pouvait pénétrer, soit qu'elle vînt y consacrer sa virginité, soit qu'après avoir failli dans la route elle vînt y chercher la seconde innocence du repentir, qu'après avoir présenté un écusson irréprochable et vierge de toute mésalliance. L'abbaye royale de Nonnenque ne s'ouvrait pas devant des repentirs roturiers, devant des douleurs vulgaires ; la féodalité avait fait Dieu à son image.

L'abbesse de Nonnenque, la supérieure de toutes ces nobles filles, était alors Ermengarde de Creyssels, d'une des plus anciennes familles du Rouergue ; les vicomtes de Creyssels portaient l'orgueil de leur origine jusqu'à s'intituler *vicomtes par la grâce de Dieu*, nonobstant les défenses qui leur en furent faites à plusieurs reprises par les comtes de Toulouse et du Rouergue. Des liens de parenté unissaient les deux maisons de Creyssels et de Fayet, et l'amitié avait encore resserré ces liens entre les chefs de ces deux maisons. Frères d'armes, ils s'étaient trouvés ensemble à plus de vingt combats, et il existait entre eux cette union, cette fraternité qui résulte de la longue habitude des mêmes dangers, des mêmes espérances, des mêmes douleurs. Ermengarde, sœur du vicomte, partageait son affection pour la famille de Fayet, et aussitôt après la mort du comte, elle offrit à sa veuve un asile dans son monastère. La noble châtelaine accepta avec empressement, car elle se rapprochait ainsi de son fils.

Dès lors, le pauvre orphelin vint fréquemment dans cette pieuse retraite, et finit même par y demeurer. En sortant du château de son noble protecteur, qui ressemblait un peu à une prison, il accourait tout joyeux au monastère recevoir les caresses des bonnes religieuses ; il trouvait, d'ailleurs, dans ces vastes prairies qui l'entourent, dans ces beaux bois qui forment son horizon, une liberté qu'il ne pouvait que rêver au château de Saint-Félix ; et la liberté n'est-elle pas le premier instinct de l'homme, le premier amour qui s'élève dans son cœur, la première passion qui brûle son âme à l'âge où les passions ne se sont pas encore éveillées, amour, passion, sur lesquels le désenchantement ne passe jamais ?

L'abbesse de Nonnenque avait pris avec elle, pour la faire élever dans son monastère, la jeune Isabelle, fille du vicomte de Creyssels ; elle était du même âge que le jeune châtelain de Fayet. Les mêmes goûts réunirent bientôt ces deux enfants, et il se forma entre eux dès l'âge le plus tendre une de ces amitiés qui décident de deux avenirs, amitiés qui se fortifient avec le temps en ne faisant que changer de nom, tendres fleurs qui s'épanouissaient à l'ombre du cloître, si fatale à tant d'autres. Hélas ! elle ne tarda pas à le devenir pour le jeune comte de Fayet ; cette culture en serre chaude énerva la jeune plante qui aurait grandi au grand air sous une culture forte et intelligente. Au lieu de manier un cheval, de s'habituer à l'exercice des armes, son âme s'amollissait dans les jeux puérils qu'il partageait avec la jeune Isabelle, ou sous les caresses dont leur enfance était l'objet ; ils étaient encore à cet âge où le cœur s'ignore, où nulle voix intérieure n'en est venue rider la surface calme et polie, âge heureux où l'on n'entend même pas dans le lointain gronder les bruits précurseurs de l'orage, où une fleur, un caillou, un oiseau au brillant plumage, semblent tout le bonheur, et déjà ces deux enfants étaient attachés l'un à l'autre par un lien qui semblait ne devoir jamais se rompre, déjà même ils s'étaient promis de ne jamais se quitter.

La mère d'Henri de Fayet et l'abbesse Ermengarde n'ignoraient pas combien pouvait devenir puissant l'attachement de deux enfants, mais elles n'en étaient inquiètes ni l'une ni l'autre ; toutes deux désiraient voir un jour s'accomplir leur union, et elles savaient que c'était aussi le désir le plus cher du vicomte de Creyssels. Elles ne pouvaient voir que d'un très bon œil les commencements d'une amitié réciproque qui étaient, pensaient-elles, le gage assuré de leur bonheur à venir. Faibles femmes, qui voulaient, à leur guise, arranger l'avenir, et qui laissaient se former des nœuds que la main de fer du malheur devait venir impitoyablement briser !

Chaque jour apportait un anneau de plus à la chaîne qui allait bientôt lier ces enfants. Quelquefois, au milieu de leurs jeux les plus frivoles, venaient se placer quelqu'une de ces conversations où le cœur semble déjà s'intéresser, et que l'on peut observer à un certain âge comme l'aurore du jour qui va se faire dans l'âme, comme la première brise du printemps qui va se lever. Un jour qu'ils couraient à travers une vaste prairie qui s'étend sous les murs du monastère, Isabelle appela son jeune compagnon : « Henri, lui dit-elle, n'allons pas de ce côté. La vieille sœur Ursule s'avance vers nous, et je n'aime pas à la rencontre. » Dans le monastère de Nonnenque la clôture n'était pas entière, et les religieuses avaient la permission de sortir ; mais elles ne devaient jamais en perdre les murs de vue.

— Pourquoi donc, répondit Henri, n'aimes-tu pas la sœur Ursule? Je l'aime bien moi, car elle a toujours quelque chose à me donner, et elle ne dit rien lorsqu'elle me voit dans le verger de l'abbesse.
— Oh ! tu peux bien l'aimer, lui dit Isabelle ; moi, je ne l'aime pas du tout. Elle est fort méchante, la sœur Ursule.
— Et en quoi s'est-elle montrée méchante ?
— Figure-toi, Henri, qu'elle veut que je me fasse religieuse. Elle me dit qu'on est bien malheureux dans le monde ; qu'il n'y a de bonheur qu'ici, dans le couvent ; que nous autres ne pouvons pas le savoir, mais que nous devons croire ceux qui ont l'expérience de la vie.
— Et que lui as-tu répondu ?
— Je lui ai demandé, dit Isabelle, si tu pourrais rester aussi dans le couvent ; et comme elle m'a dit que tu irais à la guerre, je lui ai répondu que je ne voulais pas de son bonheur ; et cependant elle me tourmente chaque jour pour me persuader d'être religieuse. Elle me dit qu'on me fera abbesse quand ma tante sera morte.
— Ce serait pourtant bien beau, Isabelle, d'être abbesse, de porter la croix d'or sur la poitrine, de s'appuyer sur une crosse en or dans les solennités, et d'être la maîtresse de toutes les religieuses, et de recevoir les hommages de tout le pays.
— Mais toi, Henri, que ferais-tu si j'étais abbesse ?
— Oh ! moi, dit Henri, je ne quitterais pas ces lieux. Tu sais le berger qui garde dans les bois les troupeaux du monastère ; eh bien ! je me ferais berger, et tu me

donnerais tous les troupeaux à garder, et je resterais au couvent.

— Mais ce n'est pas ainsi que je veux te voir, répondit Isabelle. Toi, tu seras un noble et vaillant chevalier ; je te broderai une écharpe qui te portera bonheur dans les combats ; tu seras paré de mes couleurs, et lorsque tu seras vainqueur, ce sera moi qui te couronnerai. C'est là le bonheur, vois-tu ? On ne le connaît pas au couvent. Oh ! je le sais bien ; car toutes les sœurs ne parlent pas comme la vieille Ursule. Tiens, regarde là-bas la pauvre sœur Alice.

Elle lui montrait une jeune religieuse à l'air pâle et souffrant, aux joues creuses, dont les beaux yeux semblaient noyés de larmes, et qui les regardait avec une sorte de joie pénible, appuyée sur la grille du jardin. Elle était belle, la sœur Alice, et la souffrance la rendait plus belle encore ; on eût dit, à la voir ainsi, l'ange de la mélancolie. « Eh bien ! dit Isabelle, elle est bien malheureuse, la pauvre sœur Alice ; elle me l'a dit à moi ; mais ne le redis pas : tu la ferais gronder. Elle m'a dit que le bonheur n'était pas dans le cloître, et de fermer l'oreille aux discours de la vieille Ursule. Vois comme elle a l'air de souffrir ; allons la consoler, Henri. »

Et les deux gracieux enfants, se tenant enlacés tous deux et laissant leurs belles boucles de cheveux flotter au gré du vent, légers comme deux jeunes faons qui courent après leur mère, se trouvèrent en un instant auprès de sœur Alice. « — Bonjour, sœur Alice. — Bonjour, mes enfants. » Et sa blanche main, amaigrie par la fièvre, passait à travers les boucles de leurs cheveux. Elle semblait, par les regards qu'elle lançait sur eux, vouloir puiser une nouvelle vie à ces deux sources si pures et si limpides. Des souvenirs, bien loin déjà, venaient en foule à sa pensée et faisaient errer sur ses lèvres un souvenir d'une ineffable mélancolie. On voyait que son âme avait été le théâtre de longs et pénibles combats ; que de grands déchirements avaient flétri ce cœur sur lequel le cloître avait pesé comme la pierre d'un cercueil, et que la robe de bure, semblable à la robe de Déjanire, avait livré cette existence aux étreintes d'un mal inconnu qui la consumait.

« Heureuse enfant ! dit Alice d'une voix douce et triste, en déposant un baiser maternel sur le front d'Isabelle ; heureuse enfant ! puisses-tu n'apprendre jamais ce que coûte ici le bonheur ! » Le tintement de la cloche qui appelait les religieuses à l'office se fit entendre, et sœur Ursule, qui épiait les larmes de la pauvre Alice, avançait vers eux. Celle-ci se retira vers le monastère. Deux larmes coulaient de ses yeux, et les enfants purent suivre encore quelque temps son grand manteau blanc qui fuyait à travers les allées. Quel triste mystère, quel douloureux sacrifice renfermait le cœur de la jeune religieuse ? Nul ne le sut ; mais, depuis ce jour, elle ne descendit plus dans les prairies, elle ne porta plus ses pas hors du monastère. Seulement, du haut de sa fenêtre, elle répondait par un sourire au salut des deux enfants. Puis un jour ils l'appelèrent en vain ; Alice ne répondit pas : Alice avait cessé de souffrir.

Peu de temps après ils gravissaient tous deux la montagne qui domine le monastère. Il faisait une de ces journées chaudes et lourdes où l'on dirait que l'air va bientôt manquer à la poitrine resserrée. Tout présageait un orage. De grands nuages grisâtres s'amoncelaient, les teintes du ciel se rembrunissaient peu à peu et devenaient unies comme lorsque les nuages sont prêts à laisser échapper la pluie qu'ils ne peuvent plus contenir. Bientôt de larges gouttes d'une eau tiède commencèrent à tomber, quelques éclairs sillonnèrent le ciel, et un bruit de tonnerre lointain se perdit en roulements étouffés. Henri et Isabelle cherchèrent un abri contre la tempête et se réfugièrent sous un gigantesque dolmen, qui leur offrait à quelques pas la protection de son large toit.

A peine s'étaient-ils abrités que l'orage éclata avec violence. Les éclairs se succédaient à des intervalles imperceptibles et remplissaient de leur sinistre lumière tout l'intérieur du dolmen ; le tonnerre éclatait avec fracas, et le son répercuté par les rochers roulait pendant longtemps dans les gorges voisines. La pluie tombait avec une violence telle que l'air en était obscurci, et l'on eût dit au craquement des chênes que le vent allait déraciner la forêt. Isabelle se pressait, tremblante de peur, contre son jeune compagnon qui essayait de la rassurer.

— Ne crains rien, lui disait-il, Isabelle ; je te protégerai, moi ; je suis assez grand pour te défendre.

— Mais tu n'arrêterais pas le tonnerre, s'il pénétrait jusqu'à nous.

— Eh bien ! disait Henri, il ne te frapperait pas toute seule ; nous mourrions ensemble.

— Oh ! ne parle pas ainsi, reprenait Isabelle ; tu me fais peur. Mais, vois donc, ne dirait-on pas que nous sommes ici dans un tombeau ? Et si cette énorme pierre qui nous abrite écrasait les deux pierres qui la supportent sur les côtés, ce tombeau serait le nôtre pour toujours. Oh ! viens, allons-nous-en ; j'ai peur ici.

Et Isabelle l'entraînait malgré la pluie hors du tombeau druidique, qui leur avait offert un refuge, et ils allaient reprendre le chemin du monastère, lorsqu'ils aperçurent un homme d'une haute taille, d'une figure sévère, et dont l'œil scrutateur brillait d'un éclat extraordinaire. Debout, devant l'entrée du dolmen, il les regardait avec une remarquable curiosité. Ils s'arrêtèrent saisis d'épouvante, car cet homme avait le regard faux et louche, et ils l'entendirent leur adresser quelques mots qu'ils ne purent comprendre ; puis il disparut.

Ces deux pauvres enfants restèrent tout tremblants ; et ce ne fut que longtemps après qu'il se fut éloigné, qu'ils purent reprendre le chemin du monastère, non sans frémir souvent à la pensée de cet homme dont le regard les avait tenus immobiles et attentifs comme le pauvre oiseau sur lequel le serpent exerce une mortelle fascination. A cet âge encore bien tendre, où les impressions s'effacent si vite, cette rencontre laissa de fortes traces dans leur esprit. Ces deux enfants se rappelaient souvent la présence de cet étranger comme un funeste présage, et ils croyaient souvent entendre autour d'eux la voix lugubre qui s'était échappée de sa poitrine. L'un et l'autre le virent souvent leur apparaître dans leurs rêves, et crurent l'entendre leur jeter ces mêmes paroles dont ils ne comprenaient pas le sens.

Cependant les deux enfants avaient grandi. Déjà des idées sérieuses, des pensées d'avenir s'élevaient dans leur esprit ; les jeux de l'enfance n'étaient plus leur occupation, et ils étaient au moment où leur amitié allait changer de nom. La jeune Isabelle quitta l'abbaye de Nonnenque pour retourner au château de son père. De son côté, le jeune comte de Fayet s'en fut avec sa mère habiter le vieux manoir de sa famille.

Sa position ne s'était pas améliorée. Non seulement Hugues de San-Venza n'avait rien voulu restituer des biens qu'avait usurpés son père, mais il lui avait intenté un procès pour le dépouiller du seul château qui lui restait. D'un autre côté, le vicomte de Creyssels se trouvait allié à Hugues par un second mariage qu'il avait contracté depuis peu d'années. Cette parenté donnait à Hugues un accès facile au château de Creyssels ; et il n'eut pas plus tôt vu Isabelle, qu'il conçut l'espoir d'obtenir sa main. Le vicomte, qui la destinait au sire de Fayet, et qui estimait le baron de San-Venza ce qu'il valait, ne se montra point favorable à son désir. Malheureusement il mourut, et Isabelle, livrée à une marâtre injuste et méchante, vit mettre tout en œuvre pour lui faire accepter le baron de San-Venza. Nous avons déjà dit comment le comte de Rodez avait ordonné qu'elle serait le prix du vainqueur dans un tournoi auquel assisterait toute la noblesse de la province.

Le sire de Fayet avait été honteusement chassé du château de Creyssels. Cependant, le jour où nous l'avons vu revenir à son vieux castel, le cœur plein d'espérances, il lui avait été donné de voir en secret celle que son cœur adorait ; ils avaient repassé ensemble tous les souvenirs de leur enfance. Elle lui avait renouvelé la promesse de ne jamais appartenir à son odieux rival ; elle l'avait assuré qu'à lui seul appartenait son amour.

— Isabelle, lui disait le comte de Fayet, seul au monde, privé de mes biens, déchu de mon rang, je ne suis plus attaché à la vie que par un seul lien. Voudrais-tu le trancher ? D'un mot tu peux me tuer ou me faire vivre ; mettre le comble à mes malheurs, ou me les faire tous oublier. Eh bien ! ce mot, je l'attends à tes genoux. Prononce-la, cette parole de vie qui seule peut me donner le courage de vaincre ma déplorable destinée.

— Douterais-tu de mon cœur ? reprit Isabelle. N'avons-nous pas grandi ensemble ? Ne sommes-nous pas l'un à l'autre dès nos plus jeunes années ? Ne te souvient-il plus que, jouant tous deux dans les vertes prairies de Nonnenque, je t'ai choisi pour mon chevalier ? Eh bien ! je te choisis encore ; l'amour ratifie aujourd'hui le choix qu'ignorante je faisais alors. Ensemble nous avons grandi, nous vivrons ensemble. Que m'importent les tourments que l'on me fait souffrir ; ils ne sauraient atteindre mon cœur ni ma volonté. Mon cœur est à toi ; il repousse tout autre hommage que le tien.

Henri était aux genoux d'Isabelle, l'écoutant avec ravissement.

— Maintenant, lui dit-il, je me sentirai fort contre le malheur qui me poursuit ; maintenant je le regarderai en face, et je défierai les coups de la fortune. Aux yeux du monde je ne suis rien, car je n'ai pour héritage que mon courage et mon épée ; mais à mes yeux, je suis plus riche que mon orgueilleux rival, car je possède ton amour, ton amour qui ferait braver mille dangers et mille morts. Oui, je le sens, continua-t-il avec exaltation, mon courage suppléera à la force, et Hugues de San-Venza, vaincu, apprendra qu'il n'est pas de victoire impossible au courage et à l'amour.

— Oh ! oui, dit Isabelle, Hugues, cet homme affreux, tout souillé de crimes, pliera devant toi, toi, mon brave et loyal chevalier. Dieu protégera deux orphelins opprimés contre l'impie dont les iniquités ne peuvent se compter. Ce tournoi, vois-tu, sera le jugement de Dieu, et Dieu sera pour toi.

— Ecoute, Isabelle, reprit Henri ; dans deux jours le tournoi aura lieu ; dans deux jours, je me mesurerai sans crainte contre le plus odieux des hommes ; mais avant que je me sépare de toi pour aller me préparer au combat, que nos serments solennels nous unissent l'un à l'autre à la face de Dieu qui nous entend. Pourrais-tu hésiter, Isabelle ? Ton père n'avait-il pas approuvé notre amour ?

— Non, Henri, non, je n'hésite pas ; j'en prends à témoin l'ami de mon père qui me destinait lui-même à être ton épouse ; je m'unis à toi par les serments les plus sacrés. Je te confie ma destinée ; elle t'appartient désormais.

— Vienne maintenant le jour du combat ! s'écria Henri. Honneur et amour sont ma devise. A moi la victoire !

Et ayant abandonné à regret la blanche main qu'Isabelle lui avait offerte comme gage de ses sentiments, il s'élança sur son cheval, et reprit la route du château de Fayet où nous l'avons déjà laissé se préparant au tournoi.

Le soleil venait de se lever, et dorait de ses premiers rayons les hautes tours du château de Severac ; jamais le printemps n'avait étalé ses trésors avec plus d'éclat et de magnificence que par la belle matinée du mois de mai qui venait de commencer. Le ciel aurait pu, ce jour-là, sans hyperbole, être comparé par les poètes à un océan d'azur ; aucun nuage n'en troublait l'uniformité. Quelques vapeurs d'une admirable transparence s'élevaient aux extrémités de l'horizon, et adoucissaient les contours un peu heurtés des dernières chaînes de montagnes qu'elles voilaient légèrement. Dans ces beaux jours du printemps, la nature la plus sauvage se revêt d'une apparence de gaieté, elle se pare coquettement, elle met sa robe de fête. Aussi, quoique la plaine de Severac n'offre rien de bien remarquable aux amateurs d'une nature pittoresque, elle était admirable ce jour-là à contempler du haut du château qui couvre le sommet d'une petite montagne entièrement isolée au milieu de cette plaine.

Peu, à peu le paysage s'anima ; de tous les côtés arrivaient des chevaliers pour prendre part au tournoi, et des habitants des lieux circonvoisins pour en être paisibles spectateurs. Une vaste enceinte avait été marquée comme lieu du combat, et au bout de peu de temps elle était entourée de groupes animés de curieux, qui discutaient sur la force des divers champions, sur les chances de chacun d'eux, et surtout sur le prix réservé à l'heureux vainqueur ; puis on vit successivement sortir du château tous les nobles hôtes qui y étaient déjà arrivés la veille pour être présents à ce combat. Le comte de Rodez lui-même s'y était rendu, et un siège élevé lui avait été préparé à côté du trône destiné à la reine de la beauté et des amours, qui était la jeune et séduisante Isabelle de Creyssels. Lorsqu'elle parut, un murmure flatteur courut dans toute la foule. C'est qu'elle était bien belle avec ses dix-huit ans, ses beaux yeux bleus d'une inexprimable douceur, et ses longs cheveux noirs qui encadraient un visage du teint le plus blanc et les traits les plus réguliers qu'il fût possible de trouver dans toute la contrée. Elle promena en rougissant un regard mal assuré sur les chevaliers qui l'entouraient ; elle n'y trouva point celui qu'elle cherchait. Autour d'elle étaient les seigneurs les plus recommandables de la province, et au milieu d'eux Amaury, comte de Severac, qui remplissait, avec le sénéchal de la province, les fonctions de maréchal du tournoi.

Cependant le baron de San-Venza était entré en lice, et avait déjà parcouru deux fois l'enceinte de l'arène en faisant piaffer et caracoler son cheval. Ses formes athlétiques se dessinaient sous son armure, et son cheval pliait sous le poids de ce colosse bardé de fer. Il fit annoncer par un héraut qu'il était prêt à répondre à quiconque se présenterait pour l'attaquer, et à combattre à pied ou à cheval, avec la lance, le glaive ou la dague. Quatre chevaliers s'avancèrent dans l'arène, et vinrent le défier. Les deux premiers furent facilement défaits, et n'opposèrent que peu de résistance au bras vigoureux du redoutable baron ; le troisième était Raimond-Jordan, vicomte de Saint-Antonin.

La lutte fut longue, bien disputée ; à deux reprises, les deux chevaliers fondirent l'un sur l'autre avec impétuosité, mais sans que dans aucun de ces deux chocs il y eût d'avantage marqué ; au troisième, les coups furent si violents, que les lances volèrent en éclats. Le cheval du vicomte de Saint-Antonin plia sur ses jambes de derrière, et roula dans la poussière avec son cavalier. Le baron de San-Venza chancela un moment sur son cheval ; mais, comme une masse énorme qui n'a reçu qu'un léger choc et n'a pu s'écarter de son centre de gravité, le baron resta en selle. Déjà son adversaire s'était relevé, et avait mis l'épée à la main ; il descendit aussi, et alors commença entre eux un nouveau combat. Bientôt, cependant, le vicomte de Saint-Antonin, étourdi par un violent coup d'épée, tomba sans mouvement, et les maréchaux s'approchèrent, déclarant la lutte terminée entre les deux chevaliers. Après lui, vint le baron de Castelpus, qui combattit vaillamment, mais ne put soutenir longtemps la force prodigieuse de Hugues de San-Venza.

Nul autre chevalier ne se présentait, et le peuple, qui détestait le baron, murmurait déjà de le voir vainqueur. Inquiète et agitée, la reine de la beauté tournait ses regards vers l'extrémité de l'arène. Tout-à-coup on vit les rangs pressés s'ouvrir devant un chevalier qui accourait de toute la vitesse de son cheval. Un long murmure d'approbation accompagna son entrée ; il était couvert d'une armure toute noire, sans aucune marque distinctive. Il fit lentement le tour du camp, salua en passant la reine de la beauté, et fut se placer immobile à l'extrémité opposée à celle où se tenait le baron de San-Venza. Un éclair de joie brilla dans les yeux d'Isabelle ; elle l'avait reconnu.

Un héraut vint annoncer que très haut et très puissant seigneur, Henri, comte de Fayet, marquis de Brusque et de Camarès, défiait le baron de San-Venza, lui offrait le combat à toute outrance, à pied et à cheval, à la lance, à l'épée, à la dague et à toutes autres armes qu'il lui plairait de choisir. « Tu n'es qu'un vil imposteur ! cria d'une voix tonnante le baron de San-Venza ; tu ne possèdes aucun des titres que tu as énumérés ici ; c'est moi qui suis comte de Fayet, marquis de Brusque et de Camarès, et il ne me convient pas d'accepter le défi d'un homme qui ne possède pas le plus mince fief. »

Le sire de Fayet allait répondre ; mais le commandeur de Saint-Félix s'avançant au milieu du camp : « Baron de San-Venza, lui dit-il, il est inutile d'ajouter l'insulte aux outrages dont vous vous êtes rendu coupable envers le sire de Fayet ; il est noble comme vous, et vous ne pouvez refuser le combat. — Et si tu ne te mets sur-le-champ en défense, reprit le sire de Fayet, je te proclamerai partout lâche et félon. » Le peuple applaudit à ces mots, et Hugues, la rage dans l'âme, s'avança vers son adversaire.

Tous deux, la lance en arrêt, se précipitèrent l'un sur l'autre ; mais, arrivés au moment de se toucher, ils passèrent à côté l'un de l'autre, comme si d'un commun accord ils eussent dédaigné de se porter des coups qui ne seraient pas décisifs. Une seconde passe n'eut pas plus de résultat que la première ; mais à la troisième, la lance du baron se brisa sur le bouclier d'Henri, et lui-même heurta de sa lance la poitrine de son adversaire avec une force telle que celui-ci fut renversé du choc avec son cheval. Henri sauta à l'instant même à terre, et avant que San-Venza eût pu se relever, il avait tiré son épée, et, lui plaçant un pied sur la gorge, il le força de s'avouer vaincu.

D'énergiques applaudissements se firent entendre aussitôt tout autour du camp ; l'humiliation du baron de San-Venza était une fête publique. Mais ce qui dut le plus flatter l'orgueil du jeune vainqueur, et surtout ce qui parut le plus doux à son cœur, ce fut la joie que sa belle fiancée laissa paraître et qui rayonna à l'instant même sur sa figure ; elle l'accueillit avec ce sourire qui, pour un cœur qui aime, est la plus belle récompense du succès.

Cette brillante passe d'armes termina la première journée du tournoi ; les spectateurs se retirèrent en s'entretenant de l'issue si peu attendue du combat.

— J'ai vu, disait l'un, une aigrette de feu sur son casque lorsqu'il est entré dans la lice.

— Et moi, disait un autre, j'ai vu son armure lancer des éclairs, quoique le soleil ne donnât pas dessus.

— Je puis vous assurer, reprenait un troisième, que la lance du baron de San-Venza s'est brisée en l'air avant d'avoir touché la cuirasse du sire de Fayet.

Puis un quatrième affirmait que, lorsqu'il avait tiré son épée en mettant le pied sur la gorge du baron, son épée avait paru en feu. Le vieux Marcel, qui assistait à cette conversation, ne manqua pas de corroborer tous ces témoignages par l'histoire du Sarrasin de qui provenait cette armure ; mais comme il annonça que l'histoire serait un peu longue, il entra avec quelques bourgeois à l'auberge des *Trois-Mages*, qui se trouvait à l'entrée du village, et en se versant de copieuses rasades, il leur déduisit toutes les raisons qui lui faisaient croire que l'armure de son jeune maître avait été fabriquée par le diable en personne.

Tandis que les auditeurs du vieil écuyer frémissaient à ses récits et plaignaient le jeune chevalier d'être à son insu dans les filets de Satan, tandis qu'au château de Severac le cœur des deux fiancés s'ouvrait aux plus douces espérances, Hugues de San-Venza dévorait avec rage l'humiliation qu'il venait d'éprouver ; mais il n'était pas homme à rester dans l'inaction. Le tournoi devant durer deux jours, le lendemain allait être le jour décisif ; il se promit bien de prendre une éclatante revanche. Il connaissait les bruits qui couraient parmi le peuple sur l'armure du comte de Fayet ; il résolut d'aller trouver un homme qui lui avait déjà été utile en plus d'une rencontre.

Nous avons dit qu'il était sur les bords du Tarn un lieu regardé alors comme le rendez-vous des esprits infernaux, et que le baron de San-Venza était soupçonné de s'y rendre fréquemment. Là se trouve, en effet, dans des rochers affreux, une grotte longue et étroite, d'une entrée difficile, et qui paraît n'être autre chose qu'une galerie ouverte de mains d'hommes pour l'exploitation d'une mine d'argent. Dans cet antre, demeurait à cette époque un homme à qui le peuple attribuait le pouvoir d'évoquer les esprits et de faire des pactes avec le diable. Hugues avait déjà eu des relations avec lui ; car, outre qu'il se livrait aux sciences occultes, Matteo composait aussi des poisons très actifs, science qui n'avait pas été tout à fait inutile à Hugues dans plus d'une circonstance de sa vie.

C'est auprès de cet homme qu'il se décida à se rendre. Il était près de minuit lorsqu'il arriva à la caverne de Matteo ; la nuit était claire, parsemée d'étoiles, le ciel pur et serein ; la lune brillait de l'éclat le plus vif, elle projetait sa lumière sur des pics de rochers, auxquels elle donnait les formes les plus fantastiques ; elle se jouait à travers le feuillage des arbres, et elle argentait la surface unie et immobile de la rivière, lui donnant l'aspect d'un miroir d'acier poli. L'orfraie interrompait par des cris jetés à intervalles égaux le silence de cette belle nuit. En approchant, Hugues aperçut, à la lueur d'un rayon de lune qui allait se briser à l'angle de la caverne, Matteo assis et se détachant en noir sur un rocher vivement éclairé ; il considérait les étoiles.

— Je pensais à toi, baron de San-Venza ; je lisais là-haut que tu te trouvais à un moment critique de ta destinée, et je pensais que tu viendrais ce soir me demander un conseil.

— Tu as deviné juste, Matteo, et si le conseil que tu me donneras est bon, je te ferai plus riche que dans tes rêves tu n'as jamais espéré le devenir.

— Tu veux donc, reprit Matteo comme sans faire attention à ce que venait de lui dire le baron, tu veux donc vaincre demain ton rival dans le tournoi ?

— Et épouser Isabelle. Peux-tu me promettre tout cela ?

— Je puis vous promettre la victoire.

— Donc j'épouserai Isabelle.

— Je l'ignore, Monseigneur, mais vous serez vainqueur.

— Parle donc, Matteo ; quels sont tes moyens ?

— Votre rival a une armure enchantée ; il vous faut un talisman plus fort que le sien pour pouvoir en triompher.

— Et ce talisman, peux-tu me le donner ?

— Je le puis, Monseigneur, ou du moins je puis vous mettre en communication avec un personnage qui vous le donnera.

En disant ces mots, il se leva, et conduisit le chevalier dans sa caverne, qui n'était éclairée que par le rayon de la lune qui touchait à l'entrée. Hugues ne put se défendre d'un sentiment de terreur en pénétrant dans cet antre. Le fond de la caverne s'illumina, et une ombre parut, d'abord indécise, puis se dessinant de plus en plus, et enfin elle accusa tous les attributs que les imaginations les plus fécondes ont imaginé pour dépeindre le roi des enfers.

— Baron de San-Venza, dit l'ombre de Satan, je suis charmé de faire connaissance avec toi ; tu es un homme précieux pour nous, et tu nous a envoyé tant d'âmes, que nous réservons une place distinguée pour la tienne. Pour notre première entrevue, je veux t'accorder tout ce que tu demanderas.

— Monseigneur, dit le baron, je demande un talisman plus puissant que le talisman de mon rival, et qui me donne la victoire comme il l'a obtenue aujourd'hui.

— Rien de plus simple, baron ; mais, pour prix de ma complaisance, que me donneras-tu ?

— Mon âme, Monseigneur, si vous la voulez.

Un long éclat de rire, mais un éclat de rire infernal, partit derrière le chevalier, qui en fut tout déconcerté, et fut répété encore longtemps par les échos du vallon.

— Ton âme, reprit Satan ; tu nous ferais vraiment un beau cadeau ! Comme si elle ne nous appartenait pas déjà ! Donne-nous autre chose, mon cher baron ; l'âme de ceux qui te sont les plus chers.

— Prends donc alors l'âme de mon beau cheval de combat ou de mon grand lévrier noir.

— Trêve de plaisanterie, sire de San-Venza ; je n'ai guère le temps d'en entendre.

— Mais tu me demandes ce qui m'est le plus cher, je te nomme les seuls êtres pour lesquels je me connaisse quelque affection.

— Assez, illustre baron ; tu feras frémir même les enfers quand j'aurai le plaisir de t'y recevoir. Donne-moi l'âme de ta fiancée.

— Très volontiers.

— Alors, signe ces deux écrits.

L'apparition s'évanouit, et le chevalier se retrouva seul avec Matteo, qui lui présentait une des deux feuilles de papier rouge qu'il venait de signer. Il lui ordonna de la placer sous sa cotte de mailles ; elle devait lui donner la victoire.

A peine le jour eut-il reparu, que la plaine de Severac offrit le même spectacle que la veille ; les spectateurs s'empressaient pour être témoins du combat décisif, et tous les vœux étaient pour le comte de Fayet. On le vit sortir du château de Severac, conduisant la reine de la beauté, entourée d'un long cortège de chevaliers ; assez loin derrière eux, le fidèle Marcel suivait triste et pensif. Le matin, en nettoyant l'armure de son maître, cette armure qui ne se rouillait jamais, il y avait découvert une tache, et il n'avait pu l'enlever.

Les clairons annoncèrent l'ouverture du combat. Le baron de San-Venza et le sire de Fayet parurent bientôt tous les deux dans l'enceinte ; ils se tinrent un instant immobiles, chacun à une des extrémités de l'arène. A travers leur visière, leurs yeux lançaient des éclairs, et on y lisait toute la fureur dont ils étaient animés. A un signal donné, ils coururent l'un sur l'autre avec une ardeur inouïe, et au premier choc leurs lances se brisèrent ; mais ni l'un ni l'autre ne perdit l'équilibre. Ils reçurent chacun une nouvelle lance de la main de leurs écuyers, et le combat recommença. Après quelques coups brillants portés de part et d'autre, mais sans résultat, la lance du comte de Fayet, allant frapper droit au milieu du bouclier de son adversaire, le fit chanceler sur son cheval. Le baron de San-Venza, saisissant alors sa masse d'armes, la lança avec une telle violence sur le casque du chevalier de Fayet, qu'il tomba étourdi du coup qu'il venait de recevoir. Hugues s'élança à terre aussitôt ; mais déjà, aux grands applaudissements de la foule, Henri s'était relevé, et avait mis l'épée à la main.

Alors s'engagea un combat admirable par l'adresse des deux champions ; les coups volaient avec rapidité, et étaient parés avec une égale promptitude ; les épées brillaient comme des éclairs. Le peuple suivait cette lutte avec un intérêt toujours croissant ; à chaque instant, des cris de joie ou de stupeur s'élevaient, suivant que la chance tournait pour l'un ou pour l'autre combattant. Mais c'était surtout Isabelle qui assistait à ce combat avec une inquiétude marquée ; son visage était comme un miroir fidèle qui réfléchissait les diverses émotions qu'elle éprouvait, les alternatives de crainte ou d'espérance qui se succédaient rapidement en elle.

Cependant la chance se maintenait égale entre les deux combattants ; on eût dit qu'aucun des deux talismans ne pouvait triompher de l'autre, et que dans la balance où se trouvaient jetées ces deux destinées, nulle ne pouvait l'emporter. Le comte de Fayet, impatient, redoublait d'ardeur à mesure que le combat se prolongeait. Le baron ayant remarqué ce qui se passait dans l'âme de son bouillant adversaire, en profita habilement ; renonçant à attaquer, il se plaça sur la défensive ; se contentant de se couvrir et de ne donner aucune prise à son ennemi, il ressemblait à un rocher qu'un enfant essaierait d'ébranler. Le sire de Fayet, s'irritant de cette résistance d'inertie dont il ne pouvait triompher, rugissait autour de lui, tournait dans tous les sens, sans pouvoir écarter un bras de fer qui repoussait tous ses coups, tandis que Hugues, plus habile, le voyait s'épuiser en efforts impuissants. Bientôt la sueur ruissela de tous ses membres ; son bras s'était lassé, ses coups tombaient sans force, ses muscles se détendaient, comme il arrive après une grande fatigue. Le baron de San-Venza poussa un rugissement semblable à celui que fait entendre le tigre au moment où il se jette sur sa proie ; d'un coup sec et rapide il écarta l'épée fatiguée du sire de Fayet, et, faisant entrer la sienne au défaut de la cuirasse, il la lui plongea dans le sein.

Un cri d'effroi s'éleva de la foule ; un cri plus faible, mais un cri du cœur, le cri d'une femme, lui répondit. Le sire de Fayet était tombé ; le sang s'échappait à grands flots de sa blessure. On s'empressa autour de lui, on délaça sa cuirasse ; mais l'épée avait pénétré trop avant, tous les soins étaient inutiles. Un profond soupir s'échappa de sa poitrine ; son œil mourant chercha le regard de son amie, et puis il se ferma pour ne plus se rouvrir. Isabelle avait à peine vu tomber son amant, que, malgré tous les efforts tentés pour la retenir, elle s'était élancée auprès de lui. Elle recueillit son dernier soupir, son dernier regard ; mais bientôt ses larmes obscurcirent ses yeux, un nuage lui déroba la vue de tout ce qui se passait autour d'elle : elle s'évanouit.

Lorsque des soins empressés l'eurent rappelée au sentiment de la perte qu'elle venait de faire, elle ne répandit point au dehors, par un pompeux étalage de sensibilité, la souffrance qui venait de pénétrer son âme. Le coup qui avait frappé son fiancé lui avait fait au cœur une blessure profonde ; mais elle cacha le sang qui s'en échappait, comme si elle eût craint d'ajouter par ses larmes au triomphe de Hugues. Sa douleur fut calme et muette, comme sont les douleurs profondes, celles dont on meurt ; elle fut solennelle comme la mort ; car Isabelle avait senti que le lien qui l'attachait à la vie était à jamais brisé, et qu'une même tombe allait la réunir à l'ami de son enfance. Elle se rappelait alors les paroles jadis incomprises de cet étranger qui l'avait tant effrayée ; elle voyait couché sur son lit de mort son fiancé, qui n'avait pu passer à son doigt l'anneau nuptial, gage de leur union, et elle sentait, à je ne sais quel vague pressentiment, que le même coup qui les avait séparés devait aussi les réunir pour jamais.

Absorbée par cette pensée de la mort, qui se confondait en elle avec celle de son amour, elle semblait avoir perdu jusqu'au sentiment de son existence et de sa douleur ; elle se laissa aller, comme un enfant, à tout ce qu'on exigeait d'elle : elle déposa la couronne sur la tête du vainqueur, sans avoir l'air de comprendre ce qu'elle faisait ; puis, toujours calme et silencieuse, elle se laissa reconduire au château. Cependant Hugues de San-Venza ne voulut pas attendre même un jour pour réclamer le prix de sa victoire ; il exigea que l'hymen fût célébré le jour même au château de Severac. Cette demande n'émut pas Isabelle, et ne put la faire sortir de l'affaissement moral dans lequel elle était tombée. Le mouvement était encore en elle, mais on aurait pu croire que la vie s'était déjà retirée ; elle n'avait plus la conscience de son état. Aucun trouble ne parut en elle lorsqu'on lui apprit que le prêtre était à l'autel ; par un mouvement machinal, elle abandonna sa main à Hugues de San-Venza, et l'on vit la victime marcher au sacrifice sans que la moindre émotion parût sur son visage décoloré.

Cependant, au moment de franchir le seuil de la chapelle, elle s'arrêta un instant ; le sentiment parut lui revenir ; elle trembla d'un mouvement légèrement convulsif, et se retourna à deux reprises, comme si elle attendait un protecteur inconnu. Puis elle entra, et s'agenouilla sur les marches de l'autel, à côté de son odieux fiancé ; mais aussitôt, cédant à un mouvement d'horreur, elle s'éloigna de lui instinctivement. Une vive inquiétude rappela des couleurs sur ses joues ; elle se retourna de nouveau, et on eût dit qu'elle était impatiente de voir son attente trompée. Le libérateur n'arrivait pas.

Hugues s'était rapproché d'elle, avait saisi sa main, et le prêtre ouvrait déjà la bouche pour prononcer les paroles sacramentelles lorsque Isabelle se retourna pour la troisième fois, prêtant une oreille attentive ; un éclair de joie illumina son regard. Au même instant, un grand mouvement se fit dans le château ; la porte de la chapelle s'ouvrit d'elle-même, et un bruit de fer retentit sur les dalles sonores de la chapelle. On eût cru voir un chevalier armé de toutes pièces ; mais son pied résonnait creux, sous sa visière abaissée l'œil ne brillait pas, et à son mouvement égal et saccadé, il était aisé de voir que rien ne vivait sous son armure.

— C'est lui, murmura Isabelle.
— C'est lui, reprit Hugues tremblant comme le criminel qui voit se dresser l'échafaud vengeur.

L'armure s'avança entre eux ; un de ses gantelets laissa tomber sur le baron un papier rouge semblable à celui qui lui avait donné la victoire, l'autre se posa sur l'épaule d'Isabelle, et, comme on voit une rose se dessécher et se flétrir quand le vent chaud du midi souffle sur elle, la jeune fiancée s'inclina sous cette étreinte glacée, ses genoux fléchirent, sa tête heurta les dalles du temple ; elle s'était éteinte sans douleur, sans agonie. La mort avait été sa délivrance ; elle n'en avait pas connu les angoisses.

Le soir du même jour, les habitants de Fayet assurèrent avoir vu un cheval dont le pied rapide faisait jaillir des éclairs, s'arrêter dans la cour du château, et le chevalier tout armé qui le montait s'y être introduit devant eux. La fidèle suivante de la comtesse de Fayet accourut annoncer à sa maîtresse, qui, agitée de funestes pressentiments, priait et versait d'abondantes larmes devant son crucifix, qu'elle venait de voir à sa place ordinaire, dans la salle d'armes, l'armure du jeune comte. Bientôt après arriva le vieux Marcel, dont la raison perdue n'avait retenu que l'histoire de l'armure donnée au comte de Fayet par un Sarrasin ; la mémoire de toute autre chose lui était échappée, et pendant le reste de sa vie on ne lui entendit plus raconter que l'histoire de cette armure.

La noble châtelaine alla cacher sa douleur et ses larmes dans l'abbaye de Nonnenque. Quant au sire de San-Venza, il porta tout le reste de ses jours un sceau de malédiction sur le front : il abandonna son château et ses terres ; il vécut errant et proscrit, se cachant dans les forêts, se nourrissant de fruits sauvages ; sa barbe et ses cheveux qui ne connurent plus le fer, ses ongles qu'il laissa croître, lui donnèrent l'aspect d'une bête fauve, et le peuple put croire alors qu'il avait subi une véritable transformation.

L'Épreuve du Feu, par Dirck Bouts le Vieux (vers 1475)

LA REINE RICHARDIS
SURMONTE L'ÉPREUVE DU FEU

Au sein de la vallée de Barr, à travers les taillis, hissons-nous jusqu'au château de Spesbourg. La ruine est plantée comme un nid d'aigle au-dessus d'une sombre vallée qu'elle domine à pic. Le ravin sauvage s'égaie en s'ouvrant sur la plaine. Les crêtes hérissées de sapins noirs font place à des collines de châtaigniers, à des vignobles. C'est le val d'Andlau. La petite ville du même nom est nichée entre ses derniers plis. Un clair et fort torrent qui descend du Hohwald la traverse, et une belle église romane la domine de son clocher. C'est là que repose une reine des Francs, Richardis, la femme d'un des derniers Carolingiens. Voici son histoire et sa légende.

Née en 843, Richardis eut pour père Erchangard, comte de la Basse-Alsace. Quelques-uns prétendent qu'il était d'origine écossaise, et de fait le caractère fier, indépendant et original que la tradition prête à sa fille s'accorde avec le tempérament de cette ascendance. Les chroniques vantent à l'envi sa beauté éclatante, l'élégance de ses formes, la hauteur et le charme de son esprit. Le destin donna à cette femme accomplie le plus triste des maris. Elle épousa l'empereur Charles le Gros, que les Francs élurent roi de Neustrie et d'Austrasie. Mais l'arrière-petit-fils de Charlemagne n'avait rien de son aïeul. A une vue courte en toute chose il unissait une ruse cauteleuse, et la méchanceté guettait sous sa faiblesse. S'il sortait de sa profonde indolence, c'était par accès de cruauté, puis il retombait dans le sommeil de la paresse et de la lâcheté. Pour achever ce portrait peu flatteur, disons que Réginon l'accuse d'impuissance.

Intimidé par la supériorité de Richardis, Charles le Gros subit malgré lui son ascendant, contre lequel il regimbait en secret. Celle-ci, animée d'une noble ambition, essaya d'en user pour sauver le royaume de Charlemagne, qu'elle trouvait livré aux intrigants, ravagé par les Northmans et les Frisons. Dans ce dessein, elle fit nommer l'évêque de Verceil chancelier du royaume. Luitgard était un homme d'un caractère énergique et droit. Homme de paix à l'église, il redevenait homme d'action dans le conseil. D'accord avec la reine, il appela tous les Francs à la guerre et ne craignit pas d'écarter du pouvoir les Alémans et les Souabes, qui avaient encouragé l'indolence du roi dans leur propre intérêt. Ceux-ci jurèrent de perdre Richardis.

A la tête de la conjuration se trouvait un fourbe habile, un Souabe, que la tradition appelle *le Chevalier Rouge*. Un jour qu'il traversait avec le roi une partie sombre de la basilique, la reine, qui avait l'habitude d'y faire ses dévotions, vint s'agenouiller à l'entrée du chœur. Lorsqu'elle eut terminé sa prière, Luitgard sortit de l'abside pour lui donner sa bénédiction. En se relevant, Richardis prit en main la croix que le jeune évêque portait suspendue à sa poitrine et y porta ses lèvres avec ferveur. A cette vue, le Souabe, faisant un geste d'horreur, dit au roi : « Voilà ce qu'ils osent dans le saint lieu ! Seigneur, jugez par là de ce qu'ils font en secret ! » L'étonnement, l'indignation jouée du Chevalier Rouge, et ce baiser mystique entrevu de loin dans la pénombre de l'église suffirent pour jeter dans l'esprit du roi les soupçons les plus noirs. Depuis longtemps il haïssait la reine, qui lui imposait sa volonté avec une douceur fière. Il n'eut pas de peine à la croire coupable d'une passion audacieuse et des derniers débordements.

Charles, transporté de fureur, fit appeler Luitgard, l'accabla d'injures et le chassa ignominieusement sans lui permettre de se justifier ; puis, faisant comparaître sa femme devant son tribunal, il l'accusa publiquement d'adultère. Richardis, indignée, mais calme, offrit de prouver son innocence par l'épreuve du feu. Charles accepta le défi et fixa le jour. Scène étrange et solennelle. Une immense assemblée est réunie sur la place publique. Le roi siège sur son tribunal, entouré des plus grands seigneurs francs et des hauts dignitaires de l'église. Richardis paraît en reine splendide, étincelante de pierreries, dans un long manteau de pourpre, couronne en tête.

Elle s'avance vers le roi et lui offre ses gants. Il les saisit : c'est le signe qu'il persiste dans l'accusation. Alors Richardis s'éloigne et reparaît dans une tunique de soie blanche cirée, serrant sa croix sur son cœur. Des moines chantent l'office des trépassés. La reine est d'une pâleur mortelle, mais la flamme de l'extase brille dans ses yeux élargis et fixes. Quatre valets, avec des torches allumées, essaient de mettre le feu aux quatre coins de sa robe. La flamme n'y mord pas et les valets reculent d'effroi. Alors on étend devant elle une traînée de braise incandescente. Elle marche dessus, pieds nus, et les charbons ardents s'éteignent sous ses pas. A ce prodige, la foule pousse une immense acclamation, et les accusateurs, consternés, s'enfuient. Mais Richardis, d'une voix forte, adresse à son époux ces paroles mémorables : « Roi Charles, je vous ai prouvé mon innocence en passant par le feu. Par vous j'ai voulu sauver le royaume, mais il n'est plus rien de commun entre nous. Désormais j'appartiens à celui dont la beauté étonne le soleil et les étoiles et qui reconnaîtra ma fidélité mieux que vous. Adieu : vous ne me reverrez plus. Que Dieu vous pardonne comme je pardonne à mes accusateurs ! » Après quoi Richardis se retira dans son pays natal et y fonda l'abbaye d'Andlau. Charles, peu après, fut déposé par les Francs et mourut dans l'exil et la misère.

Telle la tradition de l'abbaye. Il est curieux de voir ce que l'imagination populaire a ajouté à la légende ecclésiastique. Richardis, accusée d'adultère par son époux, disent les chroniqueurs qui ont suivi cette variante, s'en remit au combat singulier, qui était une autre forme du jugement de Dieu dans les idées du Moyen Age. Un seigneur franc se présenta comme champion de la reine, lutta en champ clos contre le calomniateur et le terrassa. Sortie blanche comme neige de cette première épreuve, la reine se remit à la tête du royaume et appela son défenseur auprès d'elle en le nommant son chevalier.

Les mauvais conseillers ne se tinrent pas pour battus. Ils firent si bien que Charles le Gros, retombé sous leur influence, accusa la reine et son chevalier d'une passion criminelle. Richardis, poussée à bout, eut recours à l'épreuve du feu, plus encore pour sauver la vie de celui qui l'aimait sans reproche que pour se justifier. Après avoir traversé victorieusement les flammes, elle renonça à la fois au trône et au monde. Et, s'adressant à son chevalier, elle le pria de lui chercher une retraite dans les Vosges, la plus sauvage qu'il pût trouver.

Le chevalier se mit en route vers les montagnes. Il entra sous les forêts épaisses qui retentissaient alors du mugissement des aurochs et des loups. Harassé de fatigue, il s'arrêta enfin dans une vallée perdue où un ours buvait, avec ses petits, près d'un torrent. « Voilà, pensa-t-il, une solitude assez profonde pour ma reine ! » C'est là, dans le val d'Andlau, que Richardis fit bâtir sa retraite : c'est là que s'élevèrent plus tard l'église et l'abbaye d'Andlau. Le chevalier devint le protecteur du couvent. Ce fut l'ancêtre des seigneurs d'Andlau, qui ont pour armes une croix rouge sur champ d'or, surmontée d'un heaume et d'un diadème. Le souvenir de cette tradition a été consacré par la gracieuse statue qui surmonte la fontaine d'Andlau et qui montre un ours humblement réfugié aux pieds de la reine des Francs.

C'est ainsi que le peuple a transformé l'ascétique légende dans l'élan naïf de son cœur. Il a mis le chevalier à la place de l'évêque, et, sans le savoir, il a rêvé l'amour là où l'esprit monacal n'a vu que le renoncement à la vie : beau rêve qui s'est desséché comme une rose parfumée entre deux feuillets de la chronique poudreuse et jaunie. Le chevalier est resté sans nom comme sans physionomie. Il ne nous apparaît que comme les combattants des tournois, reconnaissables seulement à leur vaillance et à leurs bons coups.

Viviane et Merlin, par Gustave Doré (1867)

MERLIN L'ENCHANTEUR ENVOÛTÉ PAR LA FÉE VIVIANE DE LA FORÊT DE BROCÉLIANDE

Au Vᵉ siècle, vivait, dans un couvent de Cambrie (ancien nom de l'antique pays de Galles), une nonne très pieuse nommée Carmélis. Fille d'un roi sans couronne, elle avait fui la violence du siècle pour se vouer à la contemplation entre les murs tapissés de lierre d'un monastère perdu dans les bois. Son corps était sans tache et son âme d'une séraphique douceur. Mais ce qui étonnait, ce qui effrayait ses sœurs du couvent, c'était la pitié de Carmélis pour les êtres inférieurs, hommes, animaux et plantes, dont elle plaignait l'âme obscure ou écrasée ; c'était son indulgence pour les pécheurs, pour les méchants eux-mêmes, qu'elle trouvait plus malheureux que les autres ; c'était sa curiosité attendrie pour ceux qui souffrent en expiant une faute. Éveillée, son cœur compatissant l'invitait à descendre dans l'abîme des douleurs ; endormie, son âme s'envolait souvent aux sphères éthérées.

Dans une de ses extases, elle vit les sept Archanges debout autour du Soleil divin . Elle resta éblouie de leur splendeur, mais son cœur ne battit point. « Ils sont heureux, dit-elle, que puis-je pour ces rois de gloire de l'éternité, et que sont-ils pour moi ? Je voudrais voir l'Ange tombé, le Maudit, celui qui souffre sans espoir ! » Aussitôt elle fut plongée dans l'abîme. L'Ange proscrit lui apparut, voilé d'un nuage sombre, beau comme une comète qui traîne sa lueur sinistre. Au sommet de son front, scintillait une étoile rougeâtre. Le noir serpent de la Mort qui étreint les mondes, les hommes et les créatures, s'enroulait trois fois autour de ses flancs. Ses yeux ténébreux dardaient le désir inassouvi en longs éclairs pourprés. En même temps s'en échappaient, comme de pâles diamants, les larmes d'une douleur éternelle. Ces larmes étaient le souvenir du ciel perdu : et lentement des mondes obscurs, des âmes tristes en naissaient.

— Qui es-tu ? dit Carmélis.
— Je suis celui qui ne s'est point courbé devant l'Éternel. Je suis celui qui veut être et savoir par lui-même ; je suis le Révolté et le Maudit. Et pourtant sans moi la

terre et les mondes visibles ne seraient pas. Je supporte la colonne de l'espace et du temps. Je suis le roi de l'air et du monde inférieur. Je porte la lumière dans les ténèbres. Tous les bannis du ciel, tous ceux que leur destin force à s'incarner sur terre, errent dans mon royaume. Je suis le tentateur, et les âmes ont besoin de passer par mon crible pour remonter. Les souffrances que je cause sont nécessaires à la vie de l'univers, mais j'en souffre au centuple. L'exil des âmes est temporaire ; le mien est éternel.

— Pauvre archange tombé ! dit Carmélis ; je prendrai une de tes larmes et je la porterai à tes frères les archanges qui sont les verbes vivants d'Élohim. En voyant cette larme, ils auront pitié de toi.

— Non ; ils ne peuvent rien pour moi. Mais puisque tu aimes celui qui brave la souffrance, veux-tu sauver une âme qui erre pourchassée dans le royaume de l'air, en l'adoptant comme un fils ?

— Oui, je le veux, parce que je t'aime ! dit la dormeuse imprudente dans un cri de sympathie.

— Eh bien, tu me reverras ! dit le prince de l'air en s'effaçant comme un météore.

Une nuit, Carmélis dormait à demi d'un sommeil agité dans sa cellule de nonne. Elle vit entrer un pèlerin courbé sur son bâton, le visage caché par son capuchon. Il semblait épuisé ; il demanda asile d'une voix humble et suppliante. « Eh bien ! couche-toi sur ces dalles, dit Carmélis sans crainte, et repose-toi. » Il s'agenouilla devant elle, comme pour une prière fervente. Mais peu à peu il sembla à Carmélis que cette forme de moine agenouillé perdait ses contours arrêtés. Etait-ce un corps solide ou une ombre ? Elle grandit vaporeuse, se redressa lentement, et, rejetant le froc, du vil haillon sortit dans toute sa fierté l'Ange maudit qui porte au front l'étoile de la science et de l'orgueil. Ses ailes crépusculaires étaient dressées et touchaient la voûte ; elles frémissaient.

Carmélis frissonna de terreur. A travers ses yeux fermés elle voyait tout ; mais elle restait fascinée, clouée sur sa couche. Immobile, l'Esprit couvait la vierge. De ses yeux ardents, de ses mains étendues, de ses ailes élargies, il l'enveloppait d'un effluve puissant qui la secouait de brusques soubresauts. Elle descendait, descendait avec lui dans l'abîme, et c'était une torture délicieuse. Peu à peu, la cellule s'emplit d'une vapeur épaisse où elle ne distinguait plus que les yeux rouges de l'Ange maudit et son étoile enflammée. Tout à coup, elle sentit ses lèvres comme un fer chaud sur sa bouche ; en même temps, un fleuve de feu la pénétrait et le serpent de la mort la mordait au cœur. Sous la commotion violente, elle poussa un cri strident et s'éveilla. Elle était seule sur sa couche brûlante, dans l'air étouffant de sa cellule. L'orage grondait au dehors, et, par la fenêtre, une ombre s'échappa comme un grand oiseau dans la nuit chaotique. Mais la voix solennelle et triste du prince de l'air clama dans la tempête d'automne : « Puisque tu m'as aimé, tu seras la mère de Merlin. De moi il aura la science maudite par l'Église, et il sera un grand prophète. »

A partir de ce moment, la vie de Carmélis fut pleine de soucis, de peines et d'épouvantes. Elle sentait qu'elle avait conçu par le baiser de l'Ange maudit. Comme un cercle de feu, ce baiser renfermait dans le royaume du prince de l'air. Plus de séraphiques extases, plus de visions célestes, l'angoisse la poussait hors du couvent, dans les bois. Et là, elle entendait mille bruits étranges, mille voix susurrantes et douces. « Mon Dieu ! que vais- je devenir ? » disait-elle en se laissant tomber dans la grotte où filtrait la source, ou bien sous le chêne des fées. Et, comme un tourbillon de feuilles invisibles, l'enveloppait le chœur des esprits aériens, qui lui chantait des choses ensorcelantes et lui disait : « Sois bénie, vierge pure et bonne, toi qui donnes asile à l'un des nôtres ; un grand enchanteur va naître de toi ! » Alors, au milieu de ses terreurs, la joie folle d'être mère envahissait la pauvre nonne. Elle croyait déjà voir ce fils miraculeux dont elle moulait en elle-même le corps charmant et dont l'âme sournoise voltigeait si mystérieusement autour d'elle. N'était-ce pas sa voix qui soupirait dans la cime du bouleau, qui riait gaiement dans le ruisseau ? N'était-ce pas lui qui, invisible et léger comme un sylphe, lui frôlait le cou et le sein, qui cherchait à pénétrer en elle, le petit démon, et chuchotait : « Charmante mère ! n'aie pas peur, si tu veux me bercer, moi qui sais tout, je te dirai des choses merveilleuses ! »

Ne pouvant plus cacher sa grossesse, Carmélis alla tout dire à Gildas, évêque du pays. Or, à cette époque, dans certains districts de la Grande-Bretagne, on appliquait aux nonnes fautives la loi des vestales. Seulement, au lieu de les enterrer vives, on les précipitait du haut d'un rocher, dans un gouffre. Gildas eût épargné la fille d'un roi, mais quand il apprit la manière étrange dont elle avait été séduite, il déclara qu'elle avait succombé à la ruse d'un incube et aux artifices du démon. Il se contenta d'excommunier la vierge polluée par l'esprit malin et de maudire le fruit infernal qu'elle avait conçu. « Va-t'en, dit le moine indigné, va-t'en sur la lande, fiancée du vent, amante maudite du prince de l'air, prostituée de Satan ! Que tout foyer chrétien te soit fermé ! Il n'est plus d'asile pour toi que chez les païens ! »

Le père de Carmélis était mort, l'Église l'abandonnait, heureusement qu'elle connaissait Taliésinn, grand-maître de la corporation des bardes sous la protection d'un chef gallois. Ces bardes, tout en se disant chrétiens, avaient conservé leurs rites, leurs croyances, les arcanes de leur religion et de leur initiation traditionnelle. Les gens d'église, qui voyaient en eux des rebelles et des rivaux, les considéraient d'un mauvais œil, les appelaient païens, relaps, hérétiques, et les attaquaient avec une extrême violence. Mais les héritiers des druides étaient encore très puissants, protégés des chefs, vénérés du peuple. Carmélis se réfugia auprès d'eux. Taliésinn accueillit la nonne proscrite avec bonté et promit d'élever l'enfant.

Sur une des côtes du pays de Galles s'ouvrait jadis une grotte aujourd'hui disparue sous un éboulement, appelée la grotte d'Ossian. Comme la grotte de Fingal, dans les Hébrides, elle était formée par des colonnes de basalte serrées les unes contre les autres et se perdait dans les entrailles du mont en salles naturelles. C'est là que les bardes des anciens temps tenaient leurs réunions secrètes. C'est là aussi qu'eut lieu la consécration de leur prophète, de celui qui devait jouer un si grand rôle dans les annales celtiques. Cette consécration était toujours précédée d'une épreuve solennelle.

Au pied de la montagne sacrée, à la sortie de la grotte d'Ossian, s'étendait une lande sauvage que les moines flétrirent plus tard du nom de lande maudite. Elle était semée d'un cercle de pierres druidiques. Au centre de ces pierres, il y en avait une colossale en forme de pyramide. La nature ou la main de l'homme y avait creusé une sorte de niche où l'on montait par un escalier de roches superposées. On appelait ce menhir la pierre de l'épreuve ou la pierre de l'inspiration. C'est là que l'aspirant devait dormir une nuit entière. Au lever du soleil, le chœur des bardes sortant de la montagne sacrée par la grotte d'Ossian venait réveiller le dormeur. Parfois, à leur chant, on le voyait se dresser devant l'astre naissant, et, frémissant d'extase, raconter son rêve divin en un chant rythmique.

Alors, il recevait le titre de barde prophète. Il était considéré comme ayant l'*Awenniziou*, c'est-à-dire qu'un génie divin, son *Awenn*, son génie à lui, qui, selon la doctrine ancienne, plane sur l'homme, parlait par sa bouche. Mais souvent il arrivait que l'aspirant avait fui avant l'aube, ou que, saisi d'épouvante, il descendait de la roche en proférant des paroles insensées. En ce cas, il était déchu de sa dignité. La tradition populaire du pays de Galles a conservé le souvenir de cette épreuve pendant des siècles dans la légende de la pierre noire du Snowdon. Quiconque, dit-elle, dort une nuit sur la pierre noire de l'inspiration se réveille poète ou fou pour le reste de ses jours.

C'est là qu'un soir le vieux Taliésinn, entouré du collège bardique, conduisit son disciple Merlin et lui dit : « Nous t'avons enseigné ce que nous savons : nous t'avons montré la clé des trois vies, celle de l'abîme, de la terre et du ciel. La science est l'abri et le voile de qui la possède. Tu pouvais vivre tranquille parmi nous ; tu as voulu t'élever au rang suprême ; tu réclames la clé des mystères, l'inspiration du prophète. Les signes te sont favorables ; une grande mission t'attend. Mais moi qui t'aime, mon fils, je dois t'avertir. Songe qu'à ce jeu tu risques ta raison et ta vie ! Quiconque veut s'élever au cercle supérieur, plus facilement retombe à l'abîme. Tu auras à lutter avec les puissances mauvaises et toute ta vie sera une tempête. Parce que tu seras prophète, hommes et démons s'acharneront sur toi. La plus grande des joies t'attend : le rayon divin ; mais aussi te guettent la folie, la honte, la solitude et la mort ! »

A ce moment, on vit s'avancer sur la lande maudite le moine-évêque Gildas, son bâton pastoral à la main. Il jeta un regard de défiance sur l'assemblée des bardes et dit à leur disciple : « Merlin ! je te connais. Tu es le fils d'une mère qui a failli, et l'esprit malin est en toi. Malheur à celui qui cherche la vérité sans le secours de l'Eglise et se dit inspiré sans avoir reçu sa sanction ! Tu as bu le poison des hérétiques et tu cours à ta perte. Malgré cela, je veux tenter de te sauver. Suis-moi, entre au couvent, fais pénitence et deviens moine. Ainsi, sous ma direction, tu expieras tes erreurs et celles de ta mère, et je te donnerai le pain du salut. »

Taliésinn répondit tranquillement à Gildas : « Comme toi, nous adorons le Dieu unique et vivant. Mais nous croyons qu'il a donné la liberté à l'homme afin qu'il trouve la vérité par lui-même. Tu offres le port connu sans le voyage. Nous offrons un frêle esquif sur l'Océan sans limite et la terre promise au risque du naufrage. Merlin est libre de choisir. S'il préfère le port à la tempête, qu'il te suive avec la bénédiction des bardes. » Jusque-là, Merlin était resté absorbé en lui-même, le regard fixe et rentré. Il n'avait répondu que par un sourire de dédain à la sommation de l'évêque. Mais aux nobles paroles du maître, une flamme jaillit de l'œil du disciple, qui s'écria, dans un transport d'audace et d'enthousiasme :

— Je ne recevrai pas la communion de ces moines aux longues robes ! Je ne suis pas de leur église ; que Jésus-Christ lui-même me donne la communion ! Pour la harpe des dieux, pour le rayon céleste, pour la couronne du poète, je veux risquer ma vie ! Que je roule aux abîmes ou que je monte au ciel, je tenterai le sort ! J'entends en moi d'étranges harmonies ; j'entends gronder l'enfer, j'entends pleurer les hommes et chanter les anges. Quel génie est le mien ? Quelle étoile est mon guide ? Je n'en sais rien, mais j'ai foi au génie, à l'étoile ! Oui, je chercherai mon Dieu dans les trois mondes, je pénétrerai le mystère de l'Au-delà. Pour savoir, pour vibrer, pour jouer sur les cordes des âmes, je mets en gage mon corps, ma vie et ma raison !

— Ah ! tu es bien le fils de Lucifer ! dit Gildas en détournant les yeux avec indignation. Pervers, va ton chemin ; l'Église ne peut plus rien pour toi ! »

Et il s'en alla plein de souci pour son autorité et de colère contre le rebelle. La nuit avait envahi la lande. Merlin monta sur la pierre de l'épreuve et entendit le chœur des bardes qui s'éloignaient invoquer pour lui les génies solaires, dont les ailes blanches et transparentes se vivifient dans les océans du feu céleste. Leur chant se perdit au cœur de la montagne, sous la grotte tournante, comme le murmure lointain des flots qui se retirent, et la montagne elle-même semblait clamer d'une voix toujours plus profonde : « Dors, enfant des hommes, dors du sommeil des inspirés et réveille-toi fils des dieux ! »

Bientôt la lande fut envahie par les brumes ; elles s'étiraient en longues bandes sur la pierre de l'épreuve et finirent par l'envelopper tout à fait. Merlin crut y distinguer des formes grimaçantes et diaboliques, pêle-mêle avec des fées ravissantes. Dormait-il ou veillait-il ? Parfois il sentait sur sa peau le frôlement de corps fluidiques comme des ailes de chauve-souris. Bientôt une tempête furieuse balaya la lande maudite. Merlin se cramponna à la pierre pour n'être pas renversé par l'ouragan. Alors, une forme altière et ténébreuse sortit du sol. Une étoile blême tremblait sur sa tête et sa lueur mourante éclairait à peine un front superbe creusé de rides volontaires. Une main de géant s'appesantit comme un roc sur l'épaule du dormeur et une voix creuse lui dit :

— Ne me reconnais-tu pas ?

— Non, balbutia Merlin, saisi d'un mélange d'horreur et de sympathie. Que me veux-tu ?

— Je suis ton père, l'Ange de l'abîme, le roi de la terre et le prince de l'air. Je t'offre tout ce que je possède : la science terrestre, l'empire des éléments, le pouvoir sur les hommes par la magie des sens.

— Me donneras-tu aussi la science de l'avenir, la connaissance des âmes et le secret de Dieu ?

— Ce chimérique empire n'est pas le mien ; j'offre la puissance et la volupté dans le temps.

— Alors, tu n'es pas l'esprit que j'ai invoqué sur la montagne. Plus hauts sont mes désirs, je ne te suivrai pas.

— Présomptueux ! tu ne sais pas ce que tu refuses ; un jour tu l'envieras. Mais malgré moi, tu m'appartiens. Par les éléments dont tu es pétri, par tes attaches mortelles, par l'effluve igné de la terre qui court dans tes veines, par les courants magnétiques de l'atmosphère, par le désir qui brûle en toi, tu es mon fils. Quoique tu m'aies renié, je te laisse un souvenir de moi ; un jour, tu en comprendras la force et la magie.

La main terrible, qui pesait comme une montagne sur l'épaule de Merlin et lui prenait le souffle, se leva. Il sentit une chaîne s'enrouler à son cou et quelque chose de métallique tomber sur sa poitrine. La forme du Démon s'était évanouie avec le poids du cauchemar. La terre tremblait et de ses entrailles montèrent ces mots, scandés par un tonnerre sourd : « Tu m'appartiens, mon fils, tu m'appartiens ! » Alors un sommeil plus profond lui versa une félicité inconnue. Il lui sembla que les ondes du Léthé fluaient à travers son corps et en effaçaient tout souvenir terrestre. Puis, il eut l'impression d'une lumière très éthérée et très douce, comme la vibration d'une étoile lointaine, enfin le sentiment d'une présence surnaturelle et délicieuse, qui ouvrait la source secrète de son cœur et dessillait les yeux de son âme. Assise sur la pointe du rocher, enveloppée de ses longues ailes, une forme humaine d'une beauté angélique et ravissante se penchait vers lui. Elle tenait une harpe d'argent sous son aile de lumière. Son regard était un verbe, son souffle une musique. Regard et verbe disaient à la fois :

— Je suis celle que tu cherches, ta sœur céleste, ta moitié. Jadis, t'en souviens-tu ? nous fûmes unis dans un monde divin. Tu m'appelais alors ta Radiance ! Quand nous habitions l'Atlantide, les fruits d'or de la sagesse tombaient dans ton sein et nous conversions avec les génies animateurs des mondes. Tu fus séparé de moi pour subir ton épreuve et conquérir ta couronne de maître. Depuis je te pleure, je languis et m'attriste dans les félicités du ciel.

— Si tu m'aimes, murmura Merlin, descends sur la terre !

— Femme de la terre, je perdrais ma mémoire céleste et mon pouvoir divin. Je tomberais sous l'empire des éléments, sous le sceptre de fer du destin implacable. Mais, sœur immortelle, j'éclaire la partie immortelle de ton âme. Si tu veux m'écouter, je serai ta Force, ta Muse et ton Génie !

— Entendrai-je ta voix au torrent de la vie ?

— Je serai ta voix intérieure ; dans ton sommeil tu me verras... Je t'aimerai...

— Tu m'aimeras ? Divin esprit, un gage de ta présence !

— Vois-tu cette harpe qui fait pleurer les hommes et les anges ? C'est un gage de l'inspiration divine. Par elle tu seras l'enchanteur des hommes, le guide d'un roi et le voyant d'un peuple. Quand tu la toucheras, tu sentiras mon souffle ; par elle je te parlerai. Personne ne saura mon nom ; aucun homme de la terre ne me reconnaîtra ; mais toi tu invoqueras Radiance !

— Radiance ?... soupira Merlin, à cette voix cristalline, comme à l'écho magique d'une divine ressouvenance.

Il voulut la regarder, la saisir. Mais il ne vit que deux ailes amoureusement déployées sur sa tête. Un baiser sur son front, une lueur dans l'espace... et il se trouva seul. Quand les bardes royaux sortirent de la grotte d'Ossian, Merlin s'éveillait aux premiers rayons du soleil. Ils virent la harpe d'argent dans ses bras et à son cou une étoile métallique à cinq pointes suspendue à une chaîne de cuivre. A ces deux signes, Taliésinn reconnut dans son disciple le double don de l'inspiration et de la magie. Dans un chant solennel, Merlin se mit à prédire les futures victoires des Bretons et la grandeur d'Arthur. Il reçut l'écharpe bleue, la couronne de bouleau, et fut consacré comme barde-devin dans la grotte d'Ossian.

Après avoir reçu la dignité suprême de ses maîtres, Merlin se rendit à la cour d'Arthur et devint son barde attitré, rang qui correspondait à celui de conseiller et de ministre. Arthur soutenait une lutte acharnée contre les Saxons, dont l'invasion ressemblait, au dire des chroniqueurs, à une mer montante de flammes courant de la mer d'Occident à la mer d'Orient. Merlin excita le roi par ses prophéties. Il fut l'âme de la guerre dont Arthur fut l'épée. Cette épée merveilleuse, disent les bardes dans leur symbolisme parlant, s'appelait Flamboyante, forgée au feu terrestre par des hommes sans peur. Sa poignée était d'onyx ; sa lame de pur acier brillait comme le diamant. Elle paralysait le bras du lâche et du méchant ; mais lorsqu'un homme fort et bon la saisissait avec foi, elle lui communiquait un courage invincible. Alors elle reluisait vivante, s'irisait dans le combat des sept couleurs de l'arc-en-ciel, jetait des éclairs, effrayait l'ennemi.

Cette épée magique se trouvait dans l'île d'Avalon, au milieu de la mer sauvage. Un dragon veillait à l'entrée de l'île ; un aigle tenait l'épée dans ses serres, au sommet d'une montagne. Merlin, disent les bardes, savait les vertus de l'épée, il connaissait l'île, il y conduisit Arthur. Nouvel Orphée, il charma le dragon au son de sa harpe, il endormit l'aigle par son chant, et, pendant l'extase de l'oiseau, lui déroba l'épée Flamboyante. Ainsi le glaive magique fut conquis par la harpe divine. Bientôt après, Arthur remporta sur les Saxons la grande victoire d'Argoëd, où Merlin combattit à ses côtés. A la rentrée triomphale de l'armée dans la forteresse de Kerléon, l'épée et la harpe entrecroisées furent portées par des pages sur un coussin rouge devant le roi et le prophète qui se donnaient la main. Et les bardes ont conté dans leurs mystères que cette nuit même Merlin vit en songe Radiance, l'ange de l'inspiration, qui lui parlait souvent par des voix, mais ne lui apparaissait qu'aux moments solennels de sa vie. Radiance mit un anneau au doigt de Merlin et lui dit : « C'est l'anneau de nos fiançailles, qui nous joint pour toujours. Mais garde-toi des femmes de la terre ; elles chercheront à te l'enlever. C'est le signe de l'amour éternel, c'est le gage de notre foi ; ne le donne à personne ! » Et Merlin, plein d'enthousiasme, jura à sa céleste fiancée le serment d'amour éternel.

Ce fut l'apogée de la gloire d'Arthur et de Merlin. Mais déjà deux démons humains, masqués de grâce et de chevalerie, rôdaient autour d'eux. La femme d'Arthur, la reine Genièvre, cachait sous les apparences d'une grâce exquise et enjouée, une âme vaine, altière, remplie de passions violentes. Lassée du roi son époux, beaucoup plus âgé qu'elle, insensible à sa grande noblesse, elle avait jeté les yeux sur son neveu Mordred, jeune homme ambitieux, rusé et hardi. Mordred, qui avait ménagé au roi l'alliance des Pictes et Scots, jouissait de sa confiance absolue. Les amants s'entendaient secrètement depuis des années, mais, toujours menacés d'être surpris, ils en vinrent à désirer la chute et même la mort du roi. Mordred lui succédant, Genièvre espérait régner avec lui. Pour atteindre ce but, la reine et son amant préparaient sourdement la défection et la révolte. Ils avaient vu d'un mauvais œil la grande victoire d'Arthur qui contrecarrait leurs projets. Merlin en était la cause, il gênait leur complot. Mordred et Genièvre résolurent de perdre le barde.

Un soir donc que le roi fatigué de la chasse dormait d'un sommeil profond, la reine Genièvre et Mordred s'approchèrent de Merlin qui était seul, assis près du foyer à demi éteint de la grande salle de Kerléon : « Tu sais, dit Genièvre en souriant, que d'après la loi la reine a le droit de demander chaque jour au barde du roi un chant d'amour pour la distraire. Mais à toi, le grand enchanteur, je ne ferai point si futile prière. Plus rare est ma fantaisie. On m'a parlé d'un philtre si puissant que lorsqu'une femme le fait boire à un homme, elle se l'attache d'un lien fatidique. Je désire ce philtre pour une amie ; peux-tu me le procurer ? » Merlin regarda la reine et Mordred de son œil voyant. Il sentit se croiser en lui la flamme haineuse du couple adultère, et dans cette lueur fugitive, il eut le pressentiment du complot ténébreux qui se tramait contre lui et le roi. Il répondit : « Reine, je sais que ce philtre existe ; mais ma science l'ignore et mon art ne peut le procurer. » Mordred prit la parole et dit :

— O grand enchanteur ! faut-il que je t'apprenne quelque chose ? Sache donc qu'en Armorique, dans la forêt de Brocéliande, il y a une fontaine. La magie des druides y évoqua jadis les esprits de l'air et de l'abîme. Une fée, une femme y réside aujourd'hui, la plus charmante et la plus redoutable des magiciennes. Pour l'évoquer il faut le plus puissant désir et la plus grande volonté. Personne ne la dompta jamais. Toi seul tu le pourras. Elle possède le philtre que cherche la reine et elle t'enseignera des mystères plus profonds que ceux que tu connais.
— La magicienne de Brocéliande ? dit Merlin, pourquoi ce nom me fait-il frissonner ?
— Parce que, dit Mordred, c'est la seule femme capable de lutter avec toi et de répondre à ton désir.
— Merlin ! mon doux Merlin ! dit Genièvre, va trouver la magicienne de Brocéliande et pense à mon désir !

Et ils laissèrent le barde plongé dans sa rêverie. La première pensée de Merlin fut de faire part au roi de ses soupçons sur la fidélité de Mordred. Puis, il songea au danger formidable d'une révélation prématurée et se promit de surveiller lui-même le neveu d'Arthur. Mais un désir plus fort que sa sagesse l'avait mordu au cœur, le désir d'une femme qui serait son égale, l'envie de la dompter... de l'aimer peut-être. De quelle violence le souffle du couple adultère avait fait surgir de ses propres entrailles une âme qu'il ne connaissait pas, une âme enflammée de désir et couronnée d'orgueil ! Il la découvrait avec épouvante. Si Radiance avait éveillé la partie éthérée de son âme, si elle avait fait vibrer en lui le vague ressouvenir d'une existence céleste, le nom seul de la magicienne de Brocéliande remuait un tourbillon de mémoires terrestres, de joies terribles, de souffrances infernales. Le fils de Lucifer se retrouvait !

Vainement il se rappela les conseils du sage Taliésinn, les avertissements de Radiance la tant aimée. La mystérieuse inconnue se dressait devant lui, inquiétante rivale, inéluctable tentation ! Obsédé par cette pensée, Merlin ne dormait plus. Il se disait : « En connaissant le fond de la femme, je connaîtrais le fond de la nature. Avant cela, puis-je me dire un maître ? » Il demanda un congé au roi sous prétexte d'aller voir Taliésinn et s'embarqua pour l'Armorique, qu'on appelait alors « la terre étrangère et déserte ».

Et voilà Merlin debout dans la sombre forêt des druides, devant la fontaine des évocations, que les uns appellent la fontaine de Jouvence, les autres la fontaine de Perdition. Car, beaux ou horribles, selon l'évocateur, tous les mirages peuvent en sortir. Merlin jette une pierre dans la source ; des cercles rident son miroir ; l'eau bouillonne ; un tonnerre souterrain roule. Puis, un sourd bruissement dans la forêt, et se déchaîne une tempête si épouvantable qu'elle renverse les arbres et fracasse les maîtresses branches des chênes. Impassible au plus fort de la tourmente, Merlin étend le bras sur la source, avec le signe de Lucifer dans sa main. « Par ce signe, dit-il, au nom des puissances de la terre, de l'eau, de l'air et du feu, du fond des âges passés et des entrailles de la terre, j'évoque la Femme redoutable !... A moi la Magicienne !... »

Après plusieurs appels, la tempête se calma ; une vapeur se condensa sur la source bouillonnante ; et dans cette vapeur Merlin vit s'élever une tour en ruine, ouverte, creuse et toute habillée de lierre. Une femme merveilleuse dormait dans cette niche de verdure, sous un toit d'aubépine et de chèvrefeuille, légèrement vêtue d'une robe verte où frissonnaient des gouttes de rosée. Elle dormait la tête appuyée sur son coude blanc comme neige. Torrent d'or fauve, sa chevelure s'enroulait à son cou, à son bras. Corps et chevelure respiraient la grâce enlaçante des forêts, la langueur fluide des rivières sinueuses. Merlin, ravi, n'osait pas s'approcher. Il tira quelques accords légers de sa harpe. Elle ouvrit les yeux. Leur azur humide avait le sourire et la mélancolie des sources abandonnées qui reflètent la couleur du temps. Elle éleva vers l'enchanteur sa baguette de coudrier et dit :

— C'est toi, Merlin ? Je t'attendais, ami.
— Qui es-tu ? dit Merlin, en tressaillant.
— Comment, dit la fée, ne me connais-tu pas ? Jadis, je fus druidesse et reine des hommes ; je commandais aux éléments. Hélas ! les moines gris et les prêtres noirs m'ont reléguée au sein de la terre. Tu me rends mon empire en m'éveillant au son de ta harpe. Je suis la fée gauloise, je suis ta Viviane !
— Viviane ? s'écria Merlin, j'ignorais ce nom, mais sa musique m'est familière et douce autant que toi.
— Ah ! continua-t-elle, ta harpe m'a rendu la vie ; mais aussi, j'en ferai vibrer toutes les cordes à nouveau !...

Viviane pria Merlin de lui chanter les merveilles des trois mondes. Tandis que s'élevait le chant rythmé du barde, la fée écoutait attentive. Ses gestes, ses regards, ses attitudes incarnaient les pensées du chanteur, exprimaient ses extases. Il contemplait en elle ses rêves vivants. Parvenu au comble de l'enthousiasme, il s'arrêta et la vit à genoux devant lui dans une pose d'adoration. Elle se releva, et lui mit une main sur l'épaule. Merlin ne vit pas que sa harpe avait glissé dans l'autre main de Viviane. Il ne voyait plus qu'elle. Un instant après, il se trouva assis dans la tour, sur un lit de jonquilles. Toujours plus enjouée, plus caressante, Viviane s'était assise sur les genoux du barde, et, des deux bras, enlaçait sa conquête.

— Je t'aime ! dit Merlin enivré.
— M'aimeras-tu assez pour me confier un grand secret ?
— Tous ceux que tu voudras.
— Il existe un charme, une formule magique par laquelle on peut endormir un homme et créer autour de lui un mur invisible pour les autres, mais infranchissable pour lui, et le séparer à jamais des vivants. Me diras-tu ce charme ?

Merlin sourit finement. Il avait pénétré l'arrière-pensée d'amoureuse traîtrise dans le désir de Viviane. Mais, sans hésiter, il glissa la formule magique dans la jolie oreille de la fée. Puis il ajouta :

— Ne t'y trompe pas, ma Viviane. Ce charme puissant agit sur tous les hommes, excepté sur moi.

— Eh ! dit Viviane, peux-tu croire que j'oserais m'en servir jamais ?

— Tu l'essaierais en vain contre moi, dit gravement Merlin. J'en suis préservé par cet anneau. Ce puissant talisman me vient de mon génie inspirateur... de Radiance, de ma céleste fiancée ! C'est l'anneau d'une foi plus forte que toutes les magies !

Une fauve lueur sillonna les yeux de Viviane, un nuage assombrit son front. Elle baissa la tête et devint pensive. « Qu'as-tu ? dit Merlin. — Oh ! rien, mon ami, dit la fée. » Cependant elle semblait plongée dans un monde de pensées qui se perdait dans un abîme insondable. Mais, reprenant tout-à-coup son enjouement, elle renversa sa tête charmante sur l'épaule de l'enchanteur, avec une langueur triste cent fois plus dangereuse que son sourire. Merlin sentait son corps plier entre ses bras. Il parcourait de ses doigts de musicien la chevelure souple, soyeuse, électrique de la fée comme les cordes d'un instrument nouveau. Il en tordit une natte autour de sa main, et s'écria saisi d'un frisson inconnu : « Viviane ! tu es ma harpe vivante ! Je n'en veux plus d'autre ! » Et Viviane vibrait sous son étreinte ; la forêt enchantée frémissait sur leurs têtes ; l'univers s'emplissait d'un océan de musique grandissante, pendant que dans leurs yeux s'ouvrait un ciel intense et sans fond... Elle balbutia : « Le baiser de nos fiançailles !... » Et les yeux dans les yeux, ils restèrent en suspens, au bord d'un gouffre, n'osant s'y jeter...

Soudain, Merlin leva la tête et tressaillit. Un vol de corbeaux passa, suivi d'une clameur formidable, comme la fanfare confuse d'une bataille lointaine. *Arthur ! Arthur !* ce cri dominait tous les autres. Haletant, furieux, désespéré, il déchirait les airs comme l'agonie de tout un peuple qui ne veut pas mourir. Enfin, il expira en un long gémissement, et les échos de la forêt répétèrent : *Arthur ! Arthur !* Palpitante d'angoisse, Viviane se serra plus fort contre Merlin. Mais il la repoussa d'un geste subit, et se dressa tout droit, les bras levés, aspirant l'air. Et sur le mortel silence des bois, une voix aérienne murmura très haut dans l'espace : « Merlin ! qu'as-tu fait de ta harpe ? Merlin ! qu'as-tu fait de ton roi ? » Et Merlin frissonnant, éperdu, s'écria : « A moi Radiance ! à moi ma harpe ! » Puis il jeta les yeux autour de lui, et resta stupéfait. Viviane, la tour, le bosquet, tout avait disparu. Il était seul au bord de la fontaine, et sa harpe n'était plus là. Du fond de l'eau monta un sanglot voluptueux : « Adieu, Merlin, adieu !... adieu !... » Affolé, il se pencha sur la source. Dans le miroir sombre, il ne rencontra que son visage défait et son œil hagard. Alors Merlin, plein d'épouvante, prit sa tête avec ses deux mains, et, s'arrachant les cheveux, il s'enfuit à travers la forêt sauvage.

Les historiens bretons racontent qu'à cette époque Mordred, le neveu d'Arthur, s'enfuit en Ecosse avec la reine Genièvre, entraînant dans sa révolte les Pictes et les Scots. Arthur eut le dessous dans une première bataille. Dans la seconde, il fut rejoint par Merlin ; mais la déroute fut plus complète encore. Le roi périt dans le combat ; son corps disparut sous un monceau de morts ; personne ne le retrouva, pas plus que sa fameuse épée. Les légendaires ont transporté l'un et l'autre dans l'île d'Avalon. Quant à Merlin, accablé du désastre, assailli de remords et de fantômes furieux, il devint fou. On l'accusa de la défaite : Gildas le maudit publiquement en l'appelant fils du diable et pervers. Le peuple qui avait divinisé le prophète triomphant jeta des pierres au prophète battu. Et l'on vit ce spectacle effrayant : l'élu des bardes, l'inspirateur d'Arthur, le prophète de l'épée victorieuse errant à travers champs comme un insensé, redemandant sa harpe aux forêts, invoquant tour à tour Lucifer et Dieu, Viviane et Radiance, mais abandonné de son génie et de ses voix divines.

C'est alors qu'il rencontra sa vieille mère, la pauvre Carmélis, qui vivait inconnue dans une retraite profonde. Elle seule n'avait pas cessé de croire en lui, elle seule essaya de le consoler en lui disant : « Mon fils chéri, expie ta faute, souffre ton martyre en silence, mais espère toujours. Il te reste l'anneau de Radiance. Ne le perds pas ; c'est ta dernière force. Par elle tu peux reconquérir ta science, ta harpe et ton génie ! » Mais un sombre désir, une destinée fatale ramenait Merlin vers Viviane. Il savait que Viviane était la cause de son malheur ; cent fois il l'avait maudite. Mais une sorte de rage tordait son cœur, à la pensée qu'il n'avait pas même possédé la charmante et redoutable magicienne qui l'avait perdu. La revoir ! Il le fallait, ne fût-ce que pour la punir et la terrasser !

Ici reprend la légende armoricaine. Revenu dans la forêt de Brocéliande, Merlin retrouva Viviane sous son bosquet d'aubépine. A demi couchée, elle tenait ses deux bras appuyés sur la harpe de l'enchanteur. Sa chevelure pendait sur les cordes. Les yeux à terre, Viviane rêvait dans un affaissement profond. Il l'accabla de reproches, l'accusa de lui avoir volé son inspiration, sa science, son âme et sa vie. Viviane immobile et comme brisée ne répondait rien. « Rends-moi ma harpe au moins ! Je n'ai plus qu'elle et toi ! — Je la gardais pour te la rendre, dit-elle sans lever les yeux, d'une voix frémissante, à peine perceptible. Mais moi, tu m'as repoussée ; je ne l'oublierai jamais. Il faut nous dire adieu. » Merlin, passant subitement de la colère à l'angoisse, se mit à supplier, éperdu d'amour. Elle resta longtemps impassible et absorbée.

— Une seule chose, dit-elle enfin, pourrait me faire oublier le coup que tu m'as porté au cœur... une marque suprême de ta confiance... l'anneau que tu portes au doigt.
— L'anneau de Radiance ?
— Oui, reprit-elle passionnément, c'est lui que je désire ! l'anneau des fiançailles qui me donnerait l'immortalité et me délivrerait de l'éternel tourment des morts et des renaissances !
— Tu m'arracheras plutôt l'âme du corps que cet anneau du doigt, dit Merlin.
— Ah ! tu n'aimes pas assez ta Viviane pour lui donner part à ton immortalité ? Alors pourquoi m'arracher à mon sommeil ? Pourquoi me remplir de ton désir ? Est-ce pour me rejeter aux démons ? Ah ! maintenant c'est au gouffre de l'angoisse éternelle que je vais replonger !

Et Viviane, se roulant sur sa couche, parut se dissoudre dans une tempête de larmes et de sanglots. Merlin regardait la femme en pleurs, plus tentatrice dans sa douleur échevelée que dans son sourire enveloppeur. Il la regardait, et restait immobile, partagé entre deux univers, suspendu entre la vie et la mort. Car ces bras qui se tordaient, ces yeux noyés, cette voix suppliante l'appelaient éperdument. « Ne sois pas cruel, disaient-ils, ne sois pas insensé ! Ne repousse pas la coupe de vie. Bois le baiser de Viviane ! C'est la science et le bonheur, la royauté suprême ! Bois le baiser de Viviane ! Et tu redeviendras le puissant enchanteur ! » Mais la voix intérieure et profonde disait : « Ne quitte pas l'anneau de l'éternel amour ! C'est la conscience, la foi, l'espérance divine ! Ne brise pas la chaîne céleste ! »

Si forte devint cette voix que Merlin dit tout haut : « Fée trompeuse, éternel mirage, femme d'en bas, c'est bien assez de m'avoir pris mon roi, mon peuple, ma gloire terrestre et toute ma vie. Tu veux encore me voler mon âme avec tes larmes ! Tu ne l'auras pas ! Radiance m'appelle ! Je m'en vais finir ma vie dans quelque solitude avec ma harpe. Au fond de moi-même, je retrouverai mon ciel, et dans un autre monde mon génie ! » A ces mots, Viviane se redressa avec un soubresaut de druidesse en furie : « Ce sera donc le néant que je trouverai avec un autre, avec Mordred, dit-elle. Il m'aima jadis ; c'est moi qui l'ai repoussé. J'ai le pouvoir de l'arracher à la reine ; il viendra…, et ce baiser d'oubli, ce baiser foudroyant que tu cherchais en moi, c'est lui qui l'aura, et moi j'y trouverai la mort ! »

Cette menace jetée avec une passion extrême troubla Merlin. Il se représenta la belle fée s'abandonnant aux bras de Mordred, et il en ressentit la torture d'une jalousie aiguë. Les yeux de Viviane dardaient un feu si sombre, sa voix frémissait d'un désespoir si violent, son corps exhalait une énergie si terrible, que les sens de Merlin en furent bouleversés. La compassion, se mêlant aux flammes de la jalousie, vint amollir toutes les fibres de son cœur et fondre en pitié sa volonté d'airain. « Je ne veux pas cela ! » s'écria Merlin en saisissant la main de Viviane. Elle répondait avec une fureur croissante : « Trop tard ! trop tard ! A moi Mordred ! » Alors Merlin, oubliant tout, glissa l'anneau de Radiance au doigt de la fée…

Aussitôt un grand calme se fit en elle. Une vie nouvelle entra dans ses veines. Elle se redressa lentement, passa ses mains dans ses cheveux dénoués et sourit. En même temps, il parut à Merlin que le meilleur de sa vie s'échappait hors de lui pour aller à Viviane, et que sa mémoire s'enfuyait par les brèches ouvertes de son être. Sûre maintenant de sa puissance, la magicienne prit l'enchanteur dans ses bras, regarda au fond de ses yeux et murmura l'incantation du grand oubli que lui-même lui avait enseignée. Il voulut résister au charme terrible dont le fluide l'envahissait, mais il n'avait plus ni force, ni volonté… Une fois encore l'image de Radiance glissa devant son regard brisé… puis s'effaça comme une lueur dans un nuage. Alors se sentant défaillir, il s'abandonna. Viviane radieuse, superbe, assouvie tenait sa proie. Trois fois son baiser triomphant tomba sur les yeux, tomba sur la bouche de l'enchanteur… Aussitôt un voile épais roula sur les yeux aveuglés du prophète ; une mer d'oubli envahit son cerveau, noya ses membres, et le ciel disparut avec ses étoiles et ses génies !…

Ce jour-là même, le vieux Taliésinn, assis avec ses disciples au bord de la mer, près de la grotte d'Ossian, au pays de Galles, regardait les vagues innombrables venir à lui, innombrables comme ses souvenirs, et se briser sur la plage retentissante. Ses mains étaient croisées sur ses genoux et son âme fatiguée se roulait sur elle-même. Tout à coup, il dit : « Je vois, je vois Merlin, le prophète des Bretons, endormi par une femme. Il s'enfonce, il s'enfonce avec elle dans l'abîme terrestre. Voilée d'un nuage livide, sa harpe sanglante descend, avec lui. Dans le ciel, je vois planer un ange en pleurs. O malheureux Merlin ! dans quel abîme irai-je te chercher ? » Et Taliésinn continua comme en rêve : « Hélas ! où est maintenant la harpe du prophète ? J'ai vu tomber les rameaux et les fleurs. La sagesse s'en va ; le temps des bardes va finir. »

Il est fini depuis longtemps ; mais toujours elles regrettent Merlin, les chansons, les légendes. Il dort, disent-elles, dans la forêt de Brocéliande, envoûté sous une haie impénétrable, la tête couchée sur les genoux de Viviane, l'Enchanteur enchanté, et personne n'a réveillé l'Orphée celtique de son sommeil éternel.

TABLE DES MATIÈRES

BIBLIOGRAPHIE

Histoire de Richard sans Peur (1775)
par Jean Castilhon

Les grandes légendes de France (1892)
par Édouard Schuré

Légendes populaires de la France (1842)
par Antoine Le Roux de Lincy

Souvenirs et impressions de voyage (1856)
par le vicomte Walsh

Fleurs de France (1924)
par Julie Lavergne

Nouveau recueil de légendes et d'histoires (1885)

Légendes et traditions populaires de la France (1840)
par le comte Amédée de Beaufort

Dépot légal : février 2015
ISBN 978-2-36722-011-6

www.ingramcontent.com/pod-product-compliance
Lightning Source LLC
Chambersburg PA
CBHW022027090426
42739CB00006BA/322